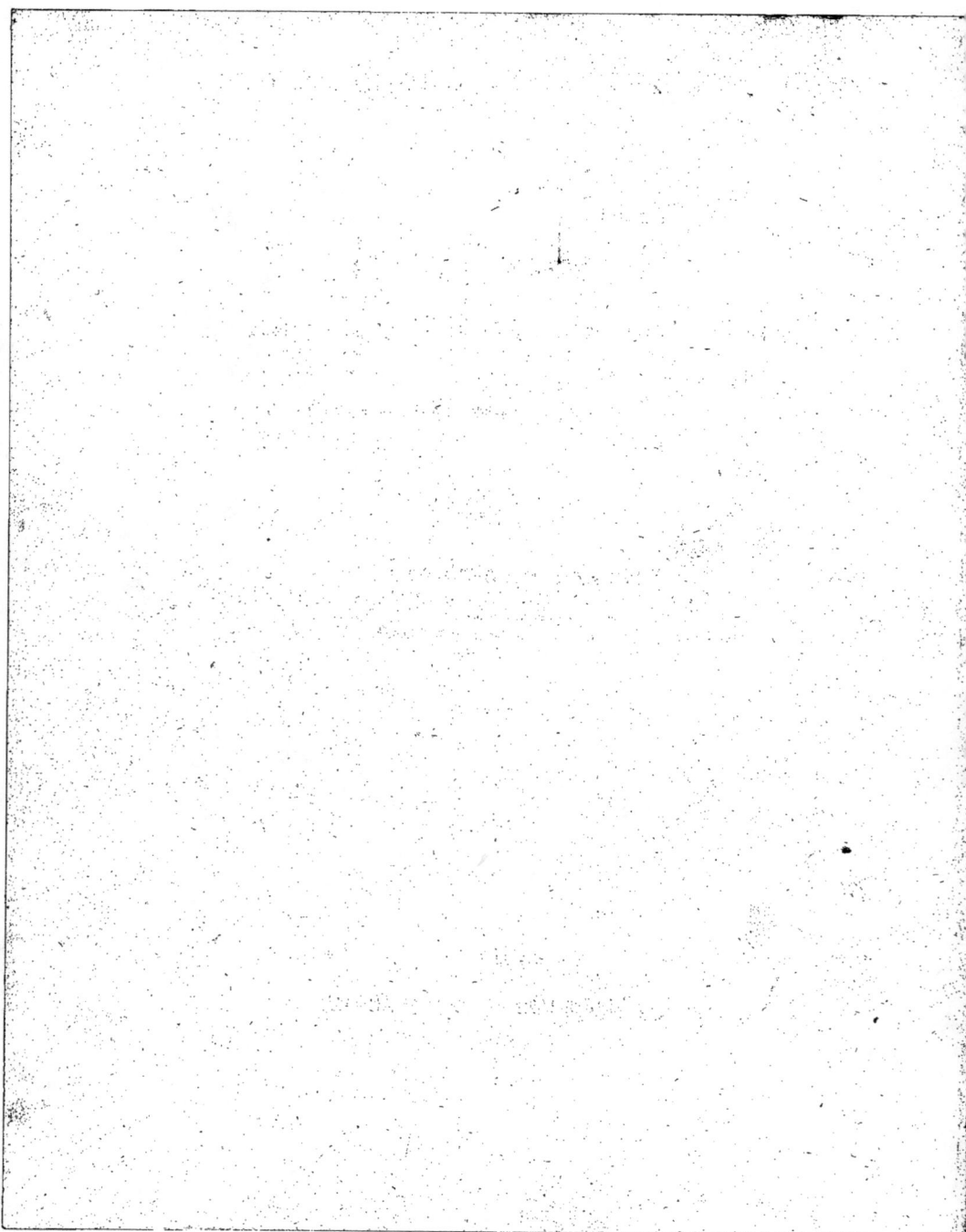

ORIGINES DE L'ARTILLERIE FRANÇAISE

PLANCHES

AUTOGRAPHIÉES D'APRÈS LES MONUMENTS DU XIVᵉ ET DU XVᵉ SIÈCLE

AVEC INTRODUCTION, TABLE ET TEXTE DESCRIPTIF

PAR

LORÉDAN LARCHEY

De la Bibliothèque Mazar

PARIS

LIBRAIRIE DENTU, GALERIE D'ORLÉANS, PALAIS-ROYAL

1863

Cent vingt-cinq exemplaires de ces PLANCHES sont mis dans le commerce au prix de 25 fr. — Il y a vingt exemplaires coloriés au prix de 50 fr.

Des exemplaires seront adressés aux anciens souscripteurs avec une remise de 25 p. 0/0, sur ces prix, si la demande directe en est faite à l'auteur, 4, rue Saint-Lazare, à Paris.

DU MÊME AUTEUR

Les Bombardiers de Metz, in-8, avec planches, 3 fr. — Libr. Dumaine.
Origines de l'artillerie française, première série, in-18, 2 fr. — Libr. Dentu.

EN PRÉPARATION

Origines de l'artillerie française, seconde et dernière série, 1 fort vol. in-18.

Avis pour la reliure. Le texte et les planches devront être non reliés, mais placés dans un étui assez large pour contenir un supplément d'une quinzaine de feuillets, qui pourra être publié par la suite.

INTRODUCTION

La seconde et la troisième série des *Origines de l'artillerie française*, pourront seules faire bien saisir l'utilité de ce recueil, et cependant elles ne paraîtront guère avant une année révolue. Ainsi c'est donner l'accessoire avant le principal, que ne pas attendre le moment de tout publier à la fois. Le parti contraire eut sans doute été préférable. Mais la lenteur avec laquelle cette entreprise marche au but a dépandu si peu de notre volonté qu'elle fera, nous l'espérons, passer sur cette dérogation à la règle (*).

Quoiqu'il en soit, nous allons donner quel-

(*) « Onze années d'apprentissage nous ont appris à aimer la science pour elle-même, et non pour ses bénéfices. Dans le nouvel hommage que nous voulons lui rendre, nous espérons tout au plus trouver le dédommagement de nos premiers frais. » Ainsi disions-nous en 1861, lorsqu'il fallut annoncer les *Origines de l'artillerie*. — Ainsi dirons-nous encore en 1863, à l'instant d'achever ce recueil de planches. — L'expérience a confirmé la leçon du passé, et la méfiance des souscriptions l'a emporté encore sur le scepticisme du prospectus.

Heureusement pour les auteurs dans l'embarras, il est des occasions heureuses où l'opiniâtreté du travail peut, jusqu'à un certain point, leur tenir lieu de subsides. Ces occasions, nous les avons saisies. Ces subsides improvisés, nous en avons été assez prodigue pour élargir encore le cadre que nous avions tracé. En faisant tour à tour nos dessins, nos autographies, nos *coloriages*, nous avons désintéressé facilement le dessinateur, le lithographe et le coloriste : la même économie a présidé au renmargément et au numérotage de nos planches.

La révélation de ces détails porte avec elle son excuse, car elle seule pouvait justifier la lenteur avec laquelle cette œuvre se poursuit, la liberté avec laquelle elle s'écarte des règles élégantes et correctes dont on se pique aujourd'hui. A première vue, l'on trouvera sans doute nos reproductions trop grossières imitatrices de la naïveté de leurs modèles, mais en pareil cas, un auteur a droit à une indulgence dont seraient indignes les artistes et les hommes de métier. Puis, l'observateur saura, nous l'espérons, quelque gré à nos types d'avoir voulu conserver ce sentiment du passé que des procédés moins imparfaits ne savent pas toujours traduire.

ques explications sur les diverses parties qui, sans les détacher d'un tout, donnent à ces croquis archéologiques une apparence d'unité. Ces explications peuvent se résumer sous trois chefs : Planches. — Texte. — Sources.

PLANCHES. — Elles sont au nombre de cent-cinq, contenant deux cent soixante-quatre modèles, répartis en *treize* classes, et dont voici le détail :

56 bouches à feu simples, sans affûts. Pl. 1-19.

29 bouches à feu sur affûts fixes. Pl. 20-33.

22 *Idem.*, s. aff. mobiles. Pl. 34-42 (en comptant trois modèles intercalés, pl. 96).

15 mortiers avec ou sans affûts. Pl. 43-47.

22 bouches à feu à queue *Idem*. Pl. 48-55.

15 ribaudequins *Idem*. Pl. 56-65.

2 fusées. Pl. 66.

33 armes portatives ou semi-portatives. Pl. 67-78.

12 modèles : manœuvres de force, attelages et voitures. Pl. 79-83.

15 modèles : construction des batteries, mantelets et maisons à canons. Pl. 84-90 et frontispice.

11 modèles de canonnières. Pl. 91-93.

12 modèles : manœuvres d'artillerie. Pl. 94-100.

12 sceaux, 7 autographes, 1 portrait de maître d'artillerie. Pl. 100-105.

Il faut avoir entrepris des travaux analogues pour savoir combien ces chiffres représentent d'efforts. C'est ce qui faisait déjà dire, en 1833, par le général Bardin :

« L'insouciance qui a régné jusqu'ici explique pourquoi notre nation est si pauvre en armes anciennes, nos écrivains si peu éclairés et nos dessinateurs si loin du vrai. Les arsenaux, qui eussent dû nous conserver dans leur intégrité des objets d'une matière par elle-même si solide, ne nous ont transmis rien d'intact, rien d'étiqueté. »

La science a progressé depuis ce temps, et cependant il nous a fallu beaucoup de persévérance pour reconstituer cette suite, — la plus complète qui ait encore concerné une période aussi restreinte et aussi reculée. Nous n'en craignons pas moins d'avoir omis plus d'un monument curieux, plus d'une miniature intéressante, et peut-être plus d'une découverte contemporaine. Les additions faites pendant le cours même de cette publication nous ont de plus en plus convaincu de cette vérité qu'un travail d'érudition est difficilement complet. Mais nous avons la conscience d'avoir fait le plus possible, dans la limite des moyens mis à notre disposition, en attendant un supplément devant lequel nous ne reculerions pas, si nous parvenions à réunir des éléments nouveaux.

Le classement des planches est également loin de la perfection, bien qu'il nous ait paru le plus propre à donner une idée nette de l'ensemble. Ainsi, quelques sujets trouvés après coup ne sont pas tout à fait à leur vraie place; d'autres, par leur nature multiple, intéressent plusieurs sections à la fois. La table des matières, qui suit cette introduction, réparera des désordres inévitables, en rendant plus facile tout travail de recherches.

Enfin les enlumineurs de quelques exemplaires se conforment de leur mieux aux originaux, et des teintes neutres seules suppléent à l'ignorance des couleurs réelles de certains types.

Texte. — Il suit l'ordre adopté par les planches aux chiffres et aux lettres desquelles il correspond par autant de petits paragraphes. Ses descriptions, — à la révision desquelles l'expérience d'une personne qui nous est chère a bien voulu contribuer, — tâchent d'obéir à la mission de tout détailler en restant concises. Inutile d'ajouter qu'elles sacrifient la forme littéraire à cette double exigence. — Quant au fonds, on ne sera point étonné de le trouver rigoureusement descriptif, c'est-à-dire n'ayant pour toute préoccupation que le signalement exact de chaque modèle, et laissant de côté des développements historiques dont la vraie place est marquée ailleurs. Les signalements sont, autant que possible, sobres

de dénominations anciennes fort nombreuses, fort compliquées, souvent étranges, mais dont la relation sera également établie en meilleur lieu. — Ainsi on s'est borné, provisoirement, aux termes généraux de *canons*, *bombardes*, *mortiers*, *ribaudequins* et *couleuvrines*, qui comportaient au moyen âge des variétés revêtues d'autres dénominations. — En somme, toutes les descriptions prennent à tâche de rester constamment terre à terre, sans esquiver les difficultés, mais aussi sans abandonner la forme hypothétique, lorsqu'une solution ne paraît pas évidente. On y a visé moins à la science de la critique qu'à l'exactitude du compte rendu, et on s'est efforcé de retrouver ce qui était, avant de penser à ce qui aurait dû être. — Cette méthode est peu brillante, sans doute, mais elle est la plus logique et la plus solide au point de vue où nous nous sommes placé.

Les indications de provenance et de dimensions sont aussi détaillées que possible. Pour les dates approximatives, nous avons craint, en général, d'y mettre trop de hardiesse, et nous n'avons classé comme appartenant au quatorzième siècle, — sur lequel on n'avait pas jusqu'ici de données positives, — que des pièces d'apparence tout à fait probante.

Sources. — Elles sont de quatre espèces : 1° Bouches à feu conservées encore dans les dépôts publics et particuliers. 2° Miniatures où les enlumineurs du moyen âge ont, souvent par d'heureux anachronismes, représenté les engins de leur temps. 3° Gravures d'éditions du quinzième et du commencement du seizième siècles. 4° Gravures données par des ouvrages contemporains.

Nous avons été assez favorisé pour trouver dans les deux premières classes la presque totalité de nos modèles. Et ce sont là les plus inconnus et les plus importants. — Sur 264 sujets, 88 ont été dessinés dans les musées et les collections de France, de Bâle et de Bruxelles; — 110 d'après des manuscrits conservés à Bruxelles et en France, — 36, d'après des gravures anciennes, — 29, d'après des gravures modernes.

On ne pouvait, sans voyages, puiser aux sources que nous venons d'indiquer. Nous avons donc parcouru la France, visitant les Musées, les Hôtels-de-Ville, frappant aux portes des collections particulières. Les précieux monuments recueillis à Bruxelles et à Bâle nous ont fait regretter de ne pouvoir pousser plus loin. Par un effet ordinaire de la centralisation, qui rend un dépôt d'autant moins accessible et d'autant moins connu qu'il englobe plus de choses, Paris seul nous eût livré ses trésors avec une réserve qu'on ne connaît ni en province ni à l'étranger, si nous n'y avions pu compter sur d'anciennes amitiés, sur des confraternités réelles. — Aussi est-ce un devoir et un plaisir pour nous de remercier ici MM. Penguilly l'Haridon, Emile Mabille, Paul Lacroix et Duplès-Agier. Sans leur appui, nous n'aurions pu consulter utilement les monuments de notre Musée d'artillerie, les manuscrits et les sceaux des bibliothèques de la rue Richelieu et de l'Arsenal. — A Bruxelles, nous n'avons eu qu'à nous louer de MM. Prévost, du cabinet des manuscrits de la Bibliothèque royale, et Juste, conservateur du Musée de Hal. La bienveillance avec laquelle on nous a mis à même de voir et de reproduire les monuments conservés dans les départements, fera joindre à ces premiers noms ceux de MM. Crozet, à Agen; Caron, à Arras; Lemaire, à Bohain; Labet et Verrier, à Bordeaux; Carnandet, à Chaumont; Hugot, à Colmar; Morin, à Dieppe; Garnier, à Dijon; Ferry, à Epinal; Vieillard, à Etain; Fleury, à Laon; Gentil-Descamps, à Lille; de Mardigny et de Tinseau, à Mardigny; Thillaye et Bodin, à Metz; Pellet, au mont St-Michel; Loriquet, à Reims; Delabigne à Rennes; Brisson, à La Rochelle; Potier, à Rouen; Schweighœuser et Yung, à Strasbourg; Boutiot, à Troyes. Nous pourrions citer, à un point de vue tout opposé, certain secrétaire de mairie alsacienne qui nous a caché les richesses archéologiques de sa cité avec l'effroi, bien naturel d'ailleurs, du provincial qui voit un émissaire de la centralisation dans tout amateur venu de Paris. Nous pourrions reproduire encore, pour l'édification de l'Ecole polytechnique où il a brillé vers 1830, la curieuse missive du commandant de l'artillerie d'une des places du Nord, qui nous conseille de faire faire, par un directeur d'Ecole mutuelle, un croquis coté de vieux canon, « lequel sera, dit-il, certainement mieux fait par lui que par moi, pour la faible rétribution de trois ou quatre francs. » — Mais de pareilles représailles sont de mauvais goût dans le monde scientifique et, si nous nous permettons une allusion à ces faits, c'est pour faire entrevoir les obstacles d'une route dont la seule expression de notre reconnaissance pourrait exagérer la facilité.

Quelques détails sur les manuscrits qui nous ont le plus servi doivent terminer cette courte introduction.

Malgré le caractère exclusivement national de cette étude, malgré le nombre relativement considérable des monuments français dont la représentation est offerte ici pour la première fois, nous avons dû chercher dans des productions étrangères à trouver plus d'un point de comparaison, à combler plus d'une lacune. L'Italie seule nous a donné trois recueils dont l'importance mérite des développements. — Nous voulons parler du traité de *Paulus Sanctinus*, du *Re Militari* de Valturi, et de l'inventaire de Fernand d'Aragon. — La Bibliothèque impériale possède des manuscrits de ces trois documents, sous les nᵒˢ 7,239. Latin : Tractatus Pauli Sanctini Ducensis de re militari et machinis bellicis. — 7,236 et 7,237. Latin : Robertus Valturius. De Re Militari. 386 français (ancien 6,993), intitulé : *Machines de guerre.*

Paulus Sanctinus. On a fort varié jusqu'ici sur la date de ce manuscrit. Une note écrite sur la feuille de garde apprend que M. de Girardin, notre ambassadeur à la Porte, sous le ministère Louvois, avait, grâce aux soins d'un affidé, découvert *Sanctinus* sur les rayons de la Bibliothèque du sérail, d'où il l'avait dirigé sur Paris avec d'autres trouvailles non moins précieuses. Selon l'opinion du personnel de notre ambassade, qui ne se piquait point d'ailleurs de grandes connaissances paléographiques, ce manuscrit avait pu être exécuté dans le seizième siècle pour Mathias Corvin, roi de Hongrie. L'hypothèse n'est d'ailleurs étayée d'aucune preuve. L'ancien catalogue imprimé des manuscrits latins de la Bibliothèque dit simplement que celui-ci paraît appartenir au quinzième siècle. Enfin M. le colonel Favé (p. 112, *Etudes*, t. III) dit en parlant du *Traité des machines* de Marianus Jacobus, écrit en 1449 et conservé à la Bibliothèque de Saint-Marc, à Venise; « l'auteur a fait des emprunts aux dessins de Valturius, et les siens ont été reproduits par Paulus Sanctinus, dont le beau manuscrit est par conséquent postérieur à 1449. »

Nous croyons, contrairement à ces trois opinions, que le manuscrit de Sanctinus date du quatorzième siècle : 1° parce qu'il paraît avoir été exécuté non pour un roi de Hongrie, mais pour un empereur grec, comme le prouvent les trois dernières planches représentant une carte de l'empire grec, une vue à vol d'oiseau de Constantinople, et le siége d'une ville au milieu de laquelle un dôme, surmonté d'une croix, pourrait bien représenter Sainte-Sophie ; 2° parce que, s'il avait copié Marianus Jacobus, il n'aurait pas manqué de reproduire Valturi, auquel Jacobus a fait des emprunts. Or, il ne donne pas un seul dessin de Valturi. Il nous paraît donc naturel de penser que Paulus Sanctinus a plutôt servi de modèle à Jacobus qu'il n'a été son imitateur ; 3° parce que les types reproduits par Paulus Sanctinus montrent tous une artillerie primitive très-simple et tout à fait exempte des progrès et des combinaisons dont témoigne le recueil de Valturi, qui représente déjà des monuments remontant à la première moitié du quinzième siècle. — On peut ajouter que les textes (V. *Texte descriptif*, pl. 67), aident encore sur ce point à notre dire et que la paléographie italienne, toujours en avance sur la nôtre, ne désavouerait pas dans ce manuscrit une œuvre du quatorzième siècle. Nous avons vu des manuscrits florentins, datés de 1423, qui, en France, passeraient pour appartenir à l'école de Jarry ; 4° parce que le *Glossaire* de Ducange n'hésite pas à lui donner cette date dans la mention suivante (t. VII, p. 445, chapitre : *Libri latini manuscripti*) : « Tractatus de re militari et machinis bellicis eleganter descriptis, auctore Paulo Sanctino Ducensi sub eo tempore quo primum in usu fuit pulvis tormentarius, hoc est circa annum 1330, vel 1340. Cod. Reg. 7239. — *Traité sur l'art militaire et les machines de guerre*, avec d'élégants dessins, composé par Paul Sanctin, en ce temps où l'on commença à faire usage de la poudre à canon, c'est-à-dire vers l'an 1330 ou 1340. »

Nous avons en vain cherché quelque renseignement sur la personne de Sanctinus. Les documents italiens et grecs ne nous ont rien livré sur sa vie ni sur sa nationalité. C'était peut-être un Grec de la famille des Ducas (*Ducensis*). On peut aussi le croire Italien, à en juger par son coloris, par le style de ses armures, et surtout par sa reproduction des fameux chevaux de Saint-Marc, qui ornaient la basilique de Sainte-Sophie avant les croisades.

Valturius.—L'ouvrage de Valturi—*De Re Militari* — a été également l'un de nos plus précieux auxiliaires. Outre l'édition originale de Vérone, 1472, plus digne de confiance que les autres, il existe à la Bibliothèque impériale deux manuscrits de cet ouvrage, sous les numéros 7,236 et 7,237 *latin*. Le premier porte la date de 1463, et le second remonte au moins du même temps. Les copies d'un traité d'art militaire aussi important paraissent s'être multipliés beaucoup avant sa première impression, car il en existe d'autres dans plusieurs bibliothèques.

On peut, en toute confiance, dater de 1450 au moins la composition de cette œuvre. Nous nous appuyons pour cela d'une part sur la date de 1463 du m. s. de la Bibl. imp., qui n'est pas un autographe, et de l'autre sur la dédicace de Valturi à Sigismond Pandulphe Malatesta, qui gouverna dès 1430 la principauté de Rimini. — Les modèles recueillis par Valturi étaient donc employés dans la première moitié du quinzième siècle.

Les dessins nombreux que nous avons empruntés à Valturi sont calqués sur l'édition de 1472, dont les planches, conformes d'ailleurs à celles des manuscrits, nous ont paru d'une exécution plus large et plus soignée. Elles sont dues à un artiste de Vérone, Matteo Pasti, que l'auteur qualifie de *mirificus artifex*. Les enluminures qui ornent l'exemplaire conservé à re Bibliothèque Ste-Geneviève nous ont paru remonter au quinzième siècle. Aussi nous nous y sommes scrupuleusement conformé, malgré la bizarrerie de certaines teintes, surtout dans les parties en bois, qui sont peintes en un jaune vif, rehaussé de rouge brique.

Les courtes légendes reproduites dans notre texte sont les seules données par Valturi, qui, tout en figurant l'artillerie nouvelle, semble craindre de quitter les Grecs et les Romains, au milieu desquels sa science est sans doute plus à l'aise. Il pouvait d'ailleurs se croire dispensé d'explication en attribuant la plupart de ses modèles à Sigismond Pandulphe Malatesta, dont il était conseiller, *consularis.* Dès le prologue, il lui dit déjà : *Utque in his bellicis instrumentis tua tibi... memorem inventa...* Le ton laudatif de toutes ces mentions n'est pas démenti par l'histoire, qui nous représente ce *Malatesta* comme le plus vicieux mais aussi comme le plus ingénieux capitaine de son temps. Ami des lettres et des sciences, il fut prince de Rimini de 1430 à 1468, et partagea assez peu les préjugés de son temps pour chercher un allié chez les Turcs. Cette entente, qui le servit puissamment contre le pape, peut seule expliquer une lettre enthousiaste de Valturi — *ad Machomet bei, magnum et admiratum sultanum Turchorum, pro illustri ac magnifico domino Malatestá,* — qui se trouve à la fin de son œuvre.

Inventaire de Fernand. — Si Sanctinus et Valturius donnent chacun la meilleure idée de ce qu'était l'artillerie italienne pendant le quatorzième et pendant la première moitié du quinzième siècle; un troisième manuscrit, conservé comme les précédents à la Bibliothèque impériale (386 français, ancien 6,993), achève par une heureuse rencontre cette importante série. Ce manuscrit, classé jusqu'ici sous le nom de *Machines de guerre*, est complétement dépourvu de texte et de titre. Il contient la représentation coloriée de 133 bouches à feu, qui se divisent ainsi : 13 grosses bombardes, 22 bombardes moyennes, 6 canons octogones à tourillons ronds sur chevalets, 22 canons carrés, à tenons carrés sur chevalets, 5 canons octogones sur affût à roues, 65 coulevrines à croc sur chevalet, 1 bombarde moyenne, dressée dans une cage de bois.

La répétition imperturbable de beaucoup de bouches à feu parfaitement identiques et l'état d'usure qu'accusent les plus anciennes bombardes, prouvent que c'est là un inventaire figuré, une reproduction minuscule de toutes les pièces d'un arsenal. Maintenant, quel est cet arsenal? — Les blasons très-distincts que portent plusieurs bombardes nous permettent d'affirmer qu'il appartenait à Fernand d'Aragon, roi de Naples, de 1459 à 1494. — Ce répertoire a pu tomber en la possession des Français dès l'expédition de 1484.

Moins heureux pour la France que pour l'Italie, nous n'avons trouvé qu'un recueil important se rattachant à nos études. Il fait partie du fonds Saint-Germain français de la Bibliothèque impériale (n° 1,914) et porte ce titre : « Ramas de vieilles machines dont se sont servis les anciens, et qui ne sont plus en usage aujourd'hui. Pour en voir les noms et les usages, on les verra dans Végèce, Valturin, Boillot, Anzelet et Augustin Ramelly. »

Les planches de ce manuscrit, qui faisait partie en 1732 de la bibliothèque Coislin, sont nombreuses. On les a dessinées et teintées avec un certain soin. Chacune porte une légende vague et insignifiante, sans indication de source, écrite vraisemblablement à la fin du dix-septième siècle. Beaucoup de ces figures ont sans doute été copiées sur des monuments du seizième et même du dix-septième siècle; plusieurs autres nous retracent des types plus anciens que nous avons reproduits en partie, non sans regret de ne pouvoir le faire avec plus d'assurance.

Parmi les manuscrits français les plus utiles, il est juste de citer en seconde ligne le joyau de cette ancienne et fameuse *Bibliothèque de Bourgogne.* Nous voulons parler du Froissart de la Bibliothèque impériale (n°ˢ 2643-2646). Les miniatures très-remarquables dont ses quatre énormes in-folio sont ornés appartiennent à cette école flamande, encouragée par Philippe-le-Bon et Charles-le-Téméraire, qui a produit tant d'autres petits chefs-d'œuvre conservés presque tous à Bruxelles, où les manuscrits des *Chroniques de Hainaut*, du *Champion des dames* et des *Chroniques de Charlemagne*, ont encore fourni à ces recherches plus d'un spécimen unique en son genre. On ne saurait oublier non plus les curieux dessins de machines allemandes qui sont reliés à la suite d'un exemplaire de Valturi conservé à la Bibliothèque de Colmar. On retrouvera plus loin la mention de beaucoup d'autres documents qui nous ont moins servi et dont la valeur est, à notre point de vue, moins importante, hors cependant le Tite-Live (V. pl. 24) du quatorzième siècle où nous avons retrouvé une représentation authentique des plus anciennes bouches à feu connues jusqu'ici, — découverte d'autant plus précieuse qu'elle nous a permis de classer en connaissance de cause des monuments sur lesquels on pouvait hésiter.

Une dernière exception doit être faite pour la pittoresque miniature du roi René, pl. 89, qu'il nous a été permis de copier dans la collection de M. de Salis, à Metz.

Nous terminerons en citant la *Nancéide* de Pierre de Blaru; ses gravures sur bois nous ont donné des images assez précises de la construction des anciennes batteries. Malgré une date d'impression assez récente (1518), nous y avons reconnu une parfaite analogie avec les usages des vingt-cinq dernières années du quinzième siècle.

L. L.

TEXTE DESCRIPTIF

FRONTISPICE. — Calque d'une gravure de l'ouvrage de Valturi. Édition de 1472. — Cette gravure représente une tour destinée à faciliter à des assiégeants les approches d'une place. Par un caprice bizarre, et seulement réalisable à la condition d'avoir des bouches à feu de moindre calibre, l'artiste a donné à cette tour la forme d'un dragon fantastique, qu'un système de palans et de rouleaux, permet de porter en avant. — Un pont-levis, auquel est adapté une échelle mobile, sort du ventre de l'animal, et permet à sa garnison de monter à l'assaut. Aux flancs et à la gueule se présentent trois bouches à feu ; celle d'où part un garrot est surtout à remarquer comme un des seuls modèles d'artillerie tout à fait primitive qui existent. (V. notre *Première période des origines de l'artillerie*.) — A part la tête, les ailes et les griffes, qui sont sans doute faites de cuir et de fer, ce dragon est recouvert d'une claie fortement et habilement fascinée.

I. — LORRAINE. — Profil d'une chambre de bombarde en fer forgé. Musée d'Epinal.

Longueur : 36 c. Calibre 33 mill. — Un anneau de manœuvre passe dans un des huit cercles qui renforcent le tube. A la tranche de bouche, on remarque des traces d'égueulement ; elles proviennent de la rupture de la saillie d'encastrement qui s'emboîtait dans la volée.

Il suffit de voir la pl. 24, qui contient des monuments certains du milieu du quatorzième siècle, pour assigner à cette pièce une date aussi reculée.

II. — A. FLANDRE. — Vue de la *grande bombarde de Gand* sur la place du marché de cette ville. La pièce, vue par le travers, repose sur trois assises de pierre de taille. — D'après une gravure de la *Belgique monumentale*.

B. Blason et chiffre gravés sur la culasse de la bombarde de Gand. Au dessous de l'écu de Jean-sans-Peur, duc de Bourgogne (1404-1419), une croix de Saint-André est formée par deux bâtonnets. A leur point de jonction, est percée la lumière. Ces bâtonnets sont entourés d'ornements parmi lesquels on distingue trois trèfles et deux J, lettres initiales du nom de Jean. — Le blason passe pour avoir été gravé bien après l'exécution de la pièce, mais celle-ci, fut-elle même contemporaine, est encore antérieure à 1450, comme on l'a dernièrement affirmé.

C. Chambre de pierrier portugais, décrite par Diego Ufano. Elle est prête à se visser dans la volée comme celle de la bombarde de Gand (V. pl. 3), et c'est à cause de ce rapprochement seul que nous l'avons reproduite, car sa date sort de notre cadre.

III. — FLANDRE, 14ᵉ S. — Plan et coupe de la *grande bombarde de Gand*.

Voici ses dimensions principales, d'après le *Bulletin militaire* de Koch, le *Traité d'artillerie* de M. le général Piobert, et les *Études* de M. le colonel Favé :

Poids : 33,606 livres de Gand. — Longueur : 18 pieds. — Circonférence : 10 pieds 10 pouces. — (Koch.)

Poids : 33,600 l. — Poids du boulet : 600 l. — Charge de la chambre : 140 l. de poudre. — Longueur : 5 m. 25 cent. — Calibre : 638 mill. — (Piobert.)

Poids : 16,400 kil. — Boulet : 340 k. — Charge des ¾ de la chambre : 40 k. — Longu. : 5 m. 25 c. — Calibre : 64 cent. — Volée formée par 32 barres couvertes de 41 cercles de fer forgé. — Chambre composée de vingt cercles et se vissant à la volée, à l'aide de leviers engagés dans les trous d'encastrement de ses plates-bandes. La plate-bande de la culasse a huit trous, et celle de la volée neuf ; ils ont 3 c. de longu., 4 c. de large, et sont profonds de 5 c. — Lumière percée au fond d'une cuvette profonde de 2 c. et ayant 1 c. de diamètre. — (Favé.)

La coupe est donnée d'après M. Favé ; le plan, d'après M. Piobert. — Dans les exemplaires coloriés de la coupe, nous avons teinté les barres en noir ; les cercles en jaune ; la chambre en rouge.

Il est possible que cette énorme bouche à feu soit celle dont les Gantois se servirent en 1382, au siège d'Audenarde. La tradition rapporte en effet que les armoiries de Bourgogne ont été gravées sur la culasse en un temps postérieur à son exécution. (V. la pl. II, B.) — Ce point sera plus amplement discuté dans le volume de notre 2ᵉ série.

IV. — BOURGOGNE. — Plan d'une bombarde en fer, conservée dans la cour de l'arsenal de Bâle, où elle est restée depuis le partage de l'artillerie bourguignonne à Morat.

Longueur : 9 pieds suisses (de 10 pouces). — Calibre : 1 pied. — Poids : 2,000 kilog.

La chambre est réunie à la volée par le moyen d'un avis, comme celle de la bombarde de Gand, mais elle n'a de trous d'encastrement qu'à son point de jonction avec la volée, sans doute à raison de ses moindres dimensions. La fabrication des deux bouches à feu paraît d'ailleurs basée sur le même modèle.

Le blason gravé au-dessus de la lumière appartient à une grande famille de Bourgogne, celle des Auxi, parmi lesquels on remarque un Jehan d'Auxi, conseiller du duc de Bourgogne Philippe-le-Bon, capitaine général de Picardie en 1437, et grand maître des arbalétriers de France en 1461. (V. l'*Armorial de la Toison d'or*.)

Il nous répugne cependant de croire cette pièce contemporaine du règne de Louis XI, comme on le croit généralement. Les bouches à feu de la seconde moitié du quinzième siècle ont un caractère tout autre. Comme la bombarde de Gand, celle de Bâle nous paraîtrait donc appartenir aux premières années du quinzième siècle, sinon aux dernières années du quatorzième siècle.

V. — A. Pays Messin. — Profil d'une chambre de bombarde en fer forgé, conservée au musée de l'École d'application de Metz, et achetée en 1851, au village de Simécourt (Moselle), où elle servait de *boîte* de réjouissance; elle provenait sans doute de l'ancien château ou *maison forte* que possédait ce village.

Poids : 63 kil. 400 b. — Longu. totale 43 c. — Diamètre de l'âme à la bouche : 7 c. — Au fond de la culasse ; 65 mill. Les parois ont à la bouche plus de 6 c. d'épaisseur et le canal de la lumière est oblique, assez grand pour qu'on puisse y fourrer le petit doigt. L'âme, longue de 40 c., se rétrécit du côté de la culasse, où elle n'a plus que 65 mill. de diamètre. — Renfort prononcé à partir du troisième cercle. Sur le second cercle, dans l'axe de la lumière, se dresse un piton dont nous avons figuré le plan en A¹. Ce piton nous paraît destiné à faciliter et à consolider la réunion de la chambre à la volée.

Cette pièce se rapproche assez du type figuré pl. 24 pour remonter au quatorzième siècle.

B. Guyenne. — Coupe et plan d'une bombarde en fer forgé. Musée de Bordeaux.

Longu. : 78 c. — Calibre : 23 c. — Diamètre de la bouche : 30 c. — Volée fort évasée, formée de bandes épaisses de 3 mill., larges de 5 mill., posées comme les douelles d'un tonneau dont la chambre prolongerait le fond, puis soudées entre elles et reliées par quatre cercles. La pièce est fort bien forgée; elle n'est point munie d'anneaux de manœuvre. Son exécution, moins massive que celle de la pièce A, trahit une époque un peu postérieure; — la fin du quatorzième ou les premières années du quinzième siècle.

C. D. E. Bourgogne. — Plan de trois bombardelles achetées par le Musée d'artillerie de Paris au château de Sainte-Ursanne (Suisse), où elles étaient conservées depuis le partage de l'artillerie bourguignonne à Morat. Il n'en faut pas conclure cependant que leur exécution date de Charles-le-Téméraire; elle est antérieure d'une trentaine

d'années au moins et provient sans doute, comme l'a dit M. Penguilly, de l'ancien matériel que Charles-le-Téméraire se vit forcé d'utiliser après avoir perdu son parc d'artillerie à Granson.

Dimensions : C. Longu. totale : 38 cent. — Calibre : 125 mill. — Longu. de la volée : 18 c. — Longu. de la chambre : 20. — D. Long. : 28 c. — Calibre de la volée : 26 c. — Calibre de la chambre : 6 c. — Circonférence de la chambre : 33 c.; de la volée : 81 c. Cette pièce n'avait pas autrefois le même aspect, comme on serait porté à bord à le croire, et, en l'examinant avec attention, on reconnaît qu'elle a perdu une grande partie de sa volée. — E. Longueur : 34 c. — Calibre : 152 mill.

Dans ces trois pièces, la lumière est percée au fond d'une petite cuvette, dont les rebords forment une saillie assez prononcée. (V. le détail de la lumière figurée D¹.)

Quand on compare les figures C. D. E. à la figure B., on y reconnaît des types amoindris, et un peu plus modernes, de la même famille. On peut présumer qu'ils datent d'environ 1430. La miniature reproduite pl. XXIX. A., qui montre les détails du service de cette pièce, est contemporaine du duc Philippe-le-Bon.

F. Ville de Metz. — Plan d'une bombarde d'après le sceau d'une quittance d'Antoine Richier, qui fut l'un des maîtres bombardiers de la république messine, de 1428 à 1446. (V. pl. CV.) — La bombarde figurée ici devait être d'un fort gros calibre, car la lumière n'est percée qu'au renfort, et la culasse est terminée par un appendice massif relativement considérable, comme dans les grosses bombardes du mont Saint-Michel, qui, chose remarquable, apparaissent dans l'histoire vers la même époque (1423). On n'est donc pas trop hardi en datant, ce modèle de 1420.

VI. — A. Vue des deux bombardes anglaises, dites Michelettes, conquises en 1423 par les défenseurs du mont Saint-Michel, d'après une planche de l'histoire du mont Saint-Michel par Le Héricher. Ces bouches à feu sont couchées de chaque côté de la porte du boulevard, dans la cour du Lion, sur des assises de granit placées aux frais de la Société archéologique dirigée par M. de Caumont. Cinq boulets de granit du calibre de ces pièces complètent le trophée.

L'histoire des canons du mont Saint-Michel ne serait pas complète si on n'ajoutait que, vers 1839, ils devaient être conduits au Musée d'artillerie de Paris, et qu'ils furent laissés, d'après le vœu général, à la pauvre commune dont ils rappellent si glorieusement le passé. Le 9 février 1840, le conseil municipal avait arrêté leur transport dans un endroit mieux approprié de la ville, et M. de la Lande, dans un rapport substantiel fait au Comité historique des arts et monuments, avait en vain demandé qu'une modique subvention ministérielle (450 fr.) facilitât l'exécution de cette mesure. « D'autres pièces, dit M. de la Lande, avaient été retirées des grèves, il y a très-longtemps, mais la tradition veut qu'elles aient été vendues au seizième siècle. Il en est cependant encore une très-petite qui sert de borne à la première porte de la ville. J'ai retrouvé aussi un très-petit boulet en granit, ayant 8 décimètres de diamètre. »

B. C. Plan des deux bombardes Michelettes. D'après un dessin du commandant Pellet.

Ces deux bombardes sont formées de barres de fer larges de 5 c., assemblées, cuvelées, brasées ensemble et cerclées dans toute leur longueur. Le tout était de plus recouvert d'une enveloppe de fer encore visible, bien que fort rongée par la rouille. Les culasses sont des masses de fer plein, affectant la forme polygonale. (8 à 10 pans.)

Voici les dimensions que donnent M. Le Héricher, dans son *Histoire du mont Saint-Michel*, et M. Pellet, qui commande aujourd'hui cette place.

B. Longu. totale : 3 m. 52 c. Calibre : 35. — Diamètre de la bouche : 38. Diam. de la culasse : 28. (Le Héricher.) — Longu. totale : 3 m. 52 c. ; circonférence de la volée : 1 m. 86 c. ; diamètre : 38 c. ; épaisseur à la bouche : 10 c. ; circonférence de la culasse : 90 c. ; longu. : 1 m. (Pellet.) — Deux anneaux de manœuvre.

C. Longu. totale : 3 m. 64 c. ; calibre : 48 c. ; diamètre : 52 c. à la bouche ; 76 c. au renfort du tonnerre, et 44 à la culasse. (Le Héricher.) — Longu. totale : 3 m. 64. Circonférence de la culasse : 1 m. 40; longu. : 1 m. — Circonférence du renfort : 2 m. 12 c. ; longu. : 1 m. 30. — Circonf. du reste de la volée : 2 m. ; longu. : 1 m. 34 c. ; diam. 52 c. ; épaisseur à la bouche ; 8 c. — (Pellet.)

On remarque entre ces deux séries de chiffres des différences de calibre que nous n'avons malheureusement pas été à même de contrôler sur place.

En lisant ces détails, d'ailleurs si précis, croirait-on qu'au 30 avril le *Constitutionnel* a publié un feuilleton signé Béraud-Regny, dans lequel on affirme que ces deux canons sont formés chacun d'une *pierre colossale, percée d'un large trou pour recevoir les boulets.* « Deux vrais canons en pierre ! exclame M. Béraud. Certes, la chose est assez étrange pour mériter notre récit, etc. » — Etrange, en effet.

VII. — FLANDRE. — Quatre profils de volées de canons en fer ; elles paraissent toutes dater du milieu du quinzième siècle.

A. Longu. : 3 m. 82 c. ; diam. : 17 c. ; calibre : 5 c. Trois crans de mire sont en saillie sur les groupes de cercles de chaque extrémité et du milieu. — Conservée sur l'Atland, devant la porte du Musée de Hal, à Bruxelles. — A ses côtés se trouve une volée moins grande, que nous n'avons pas jugé à propos de reproduire ; elle est longue de 2 m. 70, et son calibre est de 7 c.

B. Longu. : 2 m. 60 c. ; diam. : 21 c. ; cal. : 11 c. Trois crans de mire, situés comme ceux de la f. A. Trouvée à Houpelinés, près Armentières (Nord), et conservée sous la porte cochère du cabinet de M. Gentil-Descamps, à Lille.

C. Longu. : 1 m. 28 c. ; cal. : 4 c. ; poids : 33 kileg. —

Un grand anneau de manœuvre, et un guidon de mire. — Musée de Hal.

D. Longu. : 1 m. 2 c. ; cal. : 45 mill. — Musée de Hal.

E. E. E. Détail des crans de mire des pièces A. B. C. Chacun, vu de face, est figuré au-dessus de la bouche à laquelle il appartient.

VIII. — A. BRETAGNE. — Profil d'une volée de canon en fer trouvée dans la Loire, près Nantes, et acquise en 1837 par le musée de l'Ecole d'application de Metz. — Longu. : 1 m. 25 c. ; cal. : 11 c. ; diam. : 20 c. ; poids : 119 kilog. Deux anneaux de manœuvre. — Commencement du quinzième siècle.

B. ITALIE. — D'après une planche de l'*Inventaire de l'Arsenal* de Fernand d'Aragon, roi de Naples (m. s. 386. français, Bibl. imp.), sur lequel il paraît figurer comme pièce déjà ancienne. — Profil d'un grand canon de fer muni de sa chambre. Volée garnie de cinq pitons (de mire ?) et de quatre anneaux de manœuvre. — Chambre vissée à l'aide de quatre anses. — Milieu du quinzième siècle.

C. BRETAGNE. — Profil d'une volée de grand canon en fer forgé, trouvée dans une ancienne tour, à Rennes, et conservée au Musée d'artillerie de Paris. — Longu. : 2 m. 97 c. ; diam. de la volée : 32 c. ; de la culasse : 39 c. — Calibre : 182 mill. — Poids : 1,050 kilog. Le plan figuré à côté de la bouche montre cette pièce composée, comme toutes celles du temps, de douves de fer cerclées. — L'autre extrémité de la volée paraît destinée à s'emboîter dans la chambre.

IX. — FRANCE. — Plan de sept chambres de grosses bombardes, provenant toutes du siége de Meaux (1422), (hors la B., qui vient de l'arsenal de La Fère), et conservées au Musée d'artillerie de Paris. Il ne faut pas en conclure, comme on est porté à le croire, que ces bombardes soient anglaises. Notre prochain volume prouvera que les Anglais, maîtres de Paris, utilisèrent en cette occasion le matériel français.

A. Longu. : 90 c. ; diam. : 14 c. Construite au moyen de mises de fer placées parallèlement à l'axe de la pièce, forgées ensemble et cerclées de fer.

B. Longu. : 90 c. ; diam. de la culasse, cercle compris : 48; diam. de la bouche à la saillie d'encastrement : 34; cal. 10. — Déterrée en 1853, à la porte de l'arsenal de La Fère, où elle servait de borne. — Le frettage de cette pièce est supérieur à celui des autres, mais sa ressemblance avec la chambre F nous porte à lui assigner la même date. — Au-dessus, est figuré le détail de la lumière qui occupe le centre d'un trèfle, et de l'inscription qui occupe la plate-bande de culasse. Cette inscription est peu lisible, et nous n'y distinguons nettement que l'article *le*, suivi d'un substantif terminé par *ien*, dont nous hésitons à déterminer la première ou les deux premières lettres.

C. Longu. : 1 m. 32 c. ; diam. : 47; cal. : 19; poids : 1,630 kil.

D. Longu. : 1 m. 03; diam. : 46 c. ; cal. : 17; poids : 1,070 kil.

— E. Longu. : 1 m. 21 c. ; diam. : 40; cal. : 20; poids : 1,130 kil.

F. Longu. : 1 m. ; diam. : 40 c. ; cal. : 18; poids : 493 kil.

G. Long. : 1 m. 18 c. ; diam. : 35 ; cal. : 16 ; poids : 765 kil.

X, — A. SAINTONGE. — Plan d'une chambre de canon en fer, conservée dans l'église de Ruffec. Longu. : 70 c. ; diam. 20. Deux anneaux de manœuvre. — M. Viollet-Le-duc, qui a dessiné et décrit le premier cette chambre, dit que c'est un tube en fonte de fer sans *boîte*, mais la dimension relative des anneaux, et l'existence d'une saillie d'encastrement après le dernier cercle, prouve que ce tube était lui-même une *boîte* ou chambre.

B. C. GUYENNE. — Profil d'une chambre et d'une vo-lée de canon en fer, conservé au Musée de Bordeaux (n° 477). — Chambre : longu., 50 c. ; cal. : 5 c. ; poids : 54 kilog. Deux anneaux de manœuvre. — Volée : longu., 60 c. ; cal. : 9 c. ; poids : 22 kilog. Cette disproportion de poids est causée par l'amincissement des parois, qui sont toujours bien moins épais dans la volée que dans la chambre.

La fabrication presque identique de ces deux monuments A, B, C, nous porte à les dater ensemble du milieu du quinzième siècle, 1440-1460. — La volée de la chambre A, devait ressembler, dans de plus grandes pro-portions, à la volée C.

XI. — NORMANDIE. — Profil de deux volées de canons en fer, conservées au musée de Rouen. — A. Première moitié du quinzième siècle. Trouvée dans les sables du port de Honfleur, à une profondeur de 10 m. Longu. : 1 m. 88 c. ; diam. : 38 ; cal. : 24; poids, environ 500 kil. Quatre anneaux de manœuvre. — B. Plan de la tranche de bouche ; son second cercle porte un guidon de mire.

C. Provenant du pays de Caux. Longu. : 90 c. ; diam. : 25 ; cal. : 16. — Composée de bandes de fer larges de 8 c., épaisses de 2 c., brasées ensemble et maintenues par neuf groupes de cercles. — D. Plan de la tranche de bou-che.

XII. — A. TOURAINE. — Coupe et plan d'une bombarde en fer, trouvée dans les fossés du château de Plessis-les-Tours, et conservée dans le Musée de Tours (grand esca-lier). — Longu. : 1 m. 60; diam. de la bouche : 38 c. ; cal. : 32. L'âme se rétrécit de 16 c. à la chambre, dont le calibre est par conséquent de 16 c. Il ne reste plus que deux lettres de l'inscription qui ornait la première partie de la volée. — Cette bouche à feu doit dater du milieu du quinzième siècle ; sa forme fait pressentir celle de la pièce figurée pl. 19 et datée de 1478, mais elle n'a point de tourillons et son caractère est plus ancien.

B. PAYS MESSIN. — Plan d'un canon de fer conservé de tout temps au château de Mardigny, bâti en 1417. Le collet de la bouche a quelques ornements, et il affecte une forme légèrement évasée, dont nous n'avons jamais ren-contré d'autre exemple. Cette bouche à feu est forgée d'une seule pièce sans chambre. Tête de culasse massive et un peu renflée. — Longu. : 1 m. 80 c. ; diam. : 17; poids 118 kil. — Première moitié du quinzième siècle.

C. PICARDIE. — Plan d'un petit canon qui servait de chenet dans la cuisine de la marquise de Lameth, au châ-teau de Dourrier. Longu. : 51 c. ; diam. : 8 c. La pièce est composée d'une feuille de fer battu, épaisse de 7 mill., et cerclée dans toute sa longueur. Comme la tête de culasse a disparu, ce n'est qu'un tube ouvert par les deux bouts, mais la disposition de la lumière, séparée du premier cercle par 15 c., indique la grande épaisseur de cette cu-lasse, qui offrait en ceci une certaine analogie avec la pièce B.

Ce petit canon, ainsi que le n° 2, de la pl. 14, passe dans le pays pour avoir été trouvé sur le champ de bataille de Crécy. M. Pannier les a fort bien décrits dans une No-tice où il ne croit pas devoir partager l'opinion populaire. Nous nous rangerions volontiers à son avis pour le n° 2 de la pl. 14, non parce que, comme le croit M. Pannier, il n'y a point eu d'artillerie à Crécy, mais parce qu'il s'agit là d'une chambre de gros canon, et parce qu'alors on n'avait que de fort petits modèles. Pour celui que nous avons sous les yeux, nous devons, sans nous porter garant du lieu de sa trouvaille, déclarer que ses dimensions restrein-tes, et que l'épaisseur de sa culasse pourraient bien déno-ter un monument du quatorzième siècle.

XIII. — ITALIE. — Profil de deux bombardes de fer, d'après une gravure de Valturi. — La chambre de la pre-mière est terminée par un bouton de culasse en forme de vis, qui vient se visser dans un heurtoir de bronze, dont l'écrou est en fer ; ce bloc consolide l'assiette de la pièce, et forme une masse assez puissante pour neutraliser le recul lorsqu'il est placé contre un épaulement. La plate-bande de bouche a un collet ciselé, elle est de cuivre et percée de trous carrés, pour l'introduction des leviers de manœuvre.

Dans le Valturi manuscrit de la Bibliothèque impé-riale, sont écrits, à côté du heurtoir, ces deux mots qui en précisent le nom et la matière : *Compago ærea* : Compa-gnon d'airain.

La légende, relevée aussi par nous sur le manuscrit de 1463, est ainsi conçue :

« Ponitur ante oculos machina prius invisa a sæculisque inaudita, quippe *que* secundo sine subsellio, aliarum præ-ter omnium morem, dictu mirabile librata innixaque solo ac gravitate post sua pressa persistit.

« Voici exposée aux yeux du lecteur, une machine jusqu'ici inconnue, et dont en aucun siècle on n'a entendu parler, car sans un second support et contre la coutume de toutes les autres (bouches à feu), une conception admi-rable l'a pondérée et fixée au sol, auquel elle adhère par son propre poids. »

Sur l'exemplaire imprimé de la Bibliothèque Sainte-Geneviève, on lit de plus au-dessus de la gravure ces mots écrits en cursive du quinzième siècle : *Inventum Sy-*

gismundi Pandulphi. — Ce Pandulphe régnant déjà en 1430 (V. l'introduction), on peut affirmer que ces modèles appartiennent à la première et non, comme on l'a cru, à la seconde moitié du quinzième siècle.

La volée de la deuxième pièce est cannelée, ciselée, et terminée à chaque extrémité par des cercles de cuivre ornés d'incrustation. — En examinant deux manuscrits de Valturi, antérieurs à la date de sa première édition, nous avons observé l'absence de ces cannelures ; ce ne sont que des bandes de fer parallèles, dont les points de jonction, fort accusés, auront été mal interprétés par le graveur. Il est aussi à remarquer que dans ces deux monuments la chambre fait contraste avec la volée, par la réduction de son diamètre et la simplicité de sa facture. — Première moitié du quinzième siècle.

XIV. — Onze chambres de canons et bombardes en fer.

1. ILE-DE-FRANCE. — Forgée en plein et taillée à pans, provenant du siége de Meaux (1420) et conservée au Musée d'artillerie. Longu. : 84 c. ; diam. : 31 c. ; cal. : 11 ; poids : 353 kil. — La longueur de la chambre est de 74 c. — Sur le pan de gauche, on aperçoit des traces laissées sans doute par la fracture d'une anse ou de deux anneaux de manœuvre.

2. PICARDIE. — Longu. : 57 c. ; diam. : 19 ; cal. : 9 ; poids : 37 kil. 50 h. — Composée d'un manchon en fer forgé épais de 2 c., recouverte de cercles épais de 3 c. et assemblés au marteau. La culasse, épaisse de 4 c., est brasée avec les cercles. La lumière, qui s'en trouve distante de 9 c., est percée au fond d'une cuvette de 3 c. de diamètre. Un renfort prononcé précède la saillie d'encastrement. Traces de rupture d'un anneau de manœuvre, à gauche et au-dessus de la lumière.

Nous ne croyons pas que cette chambre, trouvée, dit-on, sur le champ de bataille de Crécy, soit contemporaine de cette journée, car on ne trouve, vers ce temps, que des pièces fort petites (V. la première période des *Origines de l'artillerie*). Néanmoins, sa facture pourrait bien remonter à la fin du quatorzième siècle.

3. BOURGOGNE. — Trouvée dans les massifs du ravelin du château de Dijon, et conservée chez un collectionneur de cette ville. Longu. : 74 c. ; diam. : 14 c. ; cal. : environ 6 c.

4. PICARDIE. — Trouvée près de Guise. Musée d'artillerie de Paris. Longu. : 32 c. ; diam. : 13 c. ; cal. : 7 c. Anse ovale, d'un grand développement.

5. FLANDRE. — Musée de Hal, à Bruxelles. Longu. : 32 c. ; cal. : 7 c. Cette chambre, de forme octogone, cerclée dans toute sa longueur, munie d'une anse très-forte, est d'un modèle assez rare, et en apparence assez ancien.

6. Même provenance. Longu. : 29 c. ; diam. : 17 c. ; cal. : 5 c.

7. Trouvée dans les ruines du château de Bohain et conservée chez M. Lemaire, notaire au dit lieu. — Forme octogone. Anse ronde, timbrée d'un écu chargé de cinq chevrons, dont le détail est figuré plus haut. Ornement en forme de trèfle autour de la lumière. Longu. : 35 c.

8. Même provenance. Forme ronde. Anse rectangulaire. Forte plate-bande à la culasse et à l'encastrement de bouche. Longu. : 25 cent.

9. Cabinet Gentil-Descamps, à Lille. Longu. : 22 c. ; diam. de la culasse : 12 c. ; de la bouche : 7 c. ; calibre : 4 c. Anse en forme d'hameçon. Forme tronconique.

10. Même provenance que les 7 et 8. Forme ronde. Anse rectang. Longu. : 20 c.

11. Achetée au village de Simécourt (Moselle) et conservée au musée de l'Ecole d'application de Metz. Forme ronde. Deux cercles munis de pitons, dans lesquels passait sans doute une tige reliant la chambre à la volée. Longu. : 49 c. ; cal. : 45 mill. ; épaisseur de la culasse : 2 c. ; poids : 46 kil.

A part les nos 2 et 5, qui peuvent remonter au quatorzième siècle, nous croyons tous les autres contemporains du quinzième siècle.

XV. — A. CHAMPAGNE. — Plan d'une chambre de canon en cuivre trouvée, en 1853, dans les anciens remparts de Troyes et conservée dans le Musée de cette ville, sur le catalogue duquel elle figure avec le titre de *bombarde*. Longu. : 30 c. ; cal. : 3 c. (ces dimensions approximatives ont dû être prises sur la vitrine fermée qui contient cette pièce, dont mon dessin n'a, en outre, pas assez accusé la saillie d'encastrement). De la platebande de culasse à la lumière, règne une cavité pour la poudre d'amorce. Au-dessus de la lumière, sont modelés en relief deux écus. Le premier est celui de la ville de Troyes. Sur le second, un aigle déploie ses ailes. Cet emblème est expliqué par les inventaires de l'artillerie de cette ancienne commune, sur lesquelles beaucoup de pièces sont désignées par un nom d'animal. — 1470-1490.

B. C. Deux étriers ou logements de chambres à canons. D'après les dessins de M. Viollet-Leduc, qui ne sont pas accompagnés d'indications de provenance et de dimensions. Dans C., la chambre est pour ainsi dire complètement emboîtée, sauf dans la partie supérieure que barrent à volonté deux clavettes transversales, engagées dans les trous de joue. Le piton qui termine le bouton de culasse doit faciliter le pointage.

Dans B. la chambre est maintenue dans toute sa longueur par une barre de fer ou fléau mobile. Cette barre est fixée à la culasse par une charnière qui lui permet de se relever ou de se rabattre à volonté. Dans ce dernier cas, son autre bout est maintenu sur la tranche de volée par une clavette qui fonctionne comme celles de la fig. C.

Ces systèmes d'encastrement, dont on trouve trace au seizième siècle, n'auraient pas été reproduits si nous n'avions reconnu en B celui dont il est déjà question au siége d'Orléans (1428), et qu'a essayé de reconstituer M. Jollois dans des planches ingénieuses mais purement hypothétiques.

XVI. — ALLEMAGNE. — Plan d'une serpentine en fer forgé, provenant de Hambourg, et conservée dans la collection d'armes danoise, à Copenhague. — D'après un dessin de M. Grunth. — Long. : 5 pieds, 9 pouces 1/2 ; cal. : 2 pouces 4 lignes ; poids : 234 livres. — Deux tourillons, dont la coupe est figurée en B. Le bourlet de la bouche est évasé et orné d'une torsade. La pièce affecte dans toute sa longueur des ondulations qui expliquent jusqu'à un certain point son nom de *serpentine*. Ces ondulations, qui n'influent point sur la rectitude de l'âme, cessent à la culasse dont le renfort est prononcé. Une note de M. Grunth porte que le pourtour de la chambre est rompu. On ne peut qu'y voir la cause des lignes peu explicables qu'il a tracées dans l'épaisseur de la culasse, sans indication de lumière. 1460-1480.

XVII. — A. Pays Messin. — Plan d'une serpentine en fer forgé, conservée au château de Mardigny. — Longueur : 1 m. 32 c. ; diam. : 14 c. ; cal. : 5 c. ; saillie des tourillons : 84 mill. ; poids : 78 k. 50 h. — Formée de lames de fer brasées entre elles et reliées par des cercles. A l'un des derniers groupes de cercles se rattache un grand piton dont le profil se trouve figuré à côté de la tranche de bouche. Cet appendice entrait dans le bois d'affût, il est terminé par un œil dans lequel passait une cheville, chargée soit de consolider la pièce, soit de faciliter son pointage. L'écu mi-partie sable et argent de la cité de Metz, est gravé sur la platebande d'un cercle.

A part sa forme, qui n'est point contournée, on remarque une grande analogie entre cette figure et celle de la pl. 16. — Nous la plaçons dans la même période.

B. Pays Messin. — Plan d'une couleuvrine de fer. Même provenance que la fig. A. — Longu. : 2 m. 33 c. ; diam. à la culasse : 6 c. ; diam. à la bouche, bourlet non compris : 36 mill. ; cal. : 25 mill. ; saillie des tourillons : 4 c. ; diam. des tourillons : 25 mill. ; poids : 22 kil. — Le tonnerre est à quatre pans ; la partie comprise entre le tonnerre et les tourillons est à huit pans, la volée est cylyndrique. A 35 c. de la tranche de culasse, se trouve une saillie horizontale entaillée par un cran de mire. La ligne de mire est déterminée par ce cran et par la ligne en saillie qui règne sur toute la longueur de la volée. La tranche de culasse est percée d'un trou circulaire, figuré dans la coupe teintée qui accompagne cette partie. Dans ce trou s'engageait sans doute une cheville que le pointeur haussait à son gré. — Cette pièce remarquable est peut-être la seule de ce genre qu'on possède en France (1470-1490).

C. Champagne. — Plan d'une volée en fer, trouvée dans les anciens remparts de Chaumont, et conservée au Musée de cette ville. La forme de l'anneau à queue brisée, que retient encore un des deux tourillons (V. le profil C¹.), nous donne lieu de supposer que cette pièce reposait sur une fourche semblable à celle des canons à queue (V. pl. 51). Il ne reste cependant aucune trace du mode d'attache de la chambre. Longu. : 90 c. ; diam. : 10 c. Ces dimensions sont approximatives, elles ont été prises à la hâte en un temps où la pièce reposait dans la cour de la mairie sous une épaisse couche de neige.

XVIII. — A. Bourgogne. — Plan d'un canon de bronze conservé à l'arsenal de Bâle et provenant du partage de l'artillerie bourguignonne à Granson. — Longu. : 8 pieds 3 pouces suisses, y compris le bouton de culasse (le pied suisse vaut 10 pouces) ; diam. : 12 p. ; cal. : 6 p. ; saillie des tourillons : 4 p. ; diam. : *idem*.

B. Détail du bouton de culasse qui a la forme d'une tête de serpent. C'est le premier modèle d'un type qui fut en vogue pendant le seizième siècle.

C. Détail de l'écu de Charles-le-Téméraire en relief sur l'extrémité de la volée.

D. Détail du chiffre du même prince : deux C reliés par des nœuds. Ce chiffre est à droite de l'écu ; à sa gauche, sont figurés des ornements sans caractère précis.

E. Inscription en relief sur la première partie de la volée : « Jehan de Malines m'a fayt l'an 1474. » — Les mots sont alternativement séparés par des fleurs de lys et des croix de Saint-André.

XIX. — A. France. — Plan d'un canon de bronze, donné par le sultan en 1862, et conservé au Musée d'artillerie de Paris. Il se trouvait auparavant à Rhodes. Longu. : 2 m. 24 c. ; cal. : 245 mill. ; diam. des tourillons : 18 c. ; saillie des tourillons : *idem* ; poids : 1603 kilog. C'était sans doute le don d'un ancien roi de France au grand maître de l'ordre.

B. Plan de la tranche de bouche, sur les deux tiers de laquelle on lit cette inscription :

C. « MCCCCLXXVIII, — du comadmnt Loys, par la grâce de Dieu, roy de France, XI de ce non, me feist faire à Chartres, Jehan Chollet, chr, Me de l'artille. dud. seign. » — L'an 1478, du commandement de Louis, par la grâce de Dieu roi de France, onzième de ce nom, me fit faire à Chartres Jehan Chollet, chevalier, maître de l'artillerie du dit seigneur. »

D. Détail de l'écusson royal qui se modèle en relief sur la première partie de la volée.

E. Détail de la culasse. Autour de la lumière, est modelée en relief une rose. Au-dessus et sur la tête de culasse, trois trous carrés sans profondeur, ayant pu servir à l'établissement d'une hausse de pointage.

XX. — Italie. — Calque d'une gravure de Valturi représentant une bombarde maintenue par quatre cordages sur une semelle de bois ou fût, dont la partie antérieure forme un coude et se dresse à angle droit contre la culasse. Les cordages sont passés dans des anneaux rivés au fût. La platebande de la bouche est percée de trous d'encastrement pour les leviers. De la bouche sort un boulet de pierre. Sous le fût sont glissés trois chantiers, servant à faciliter son changement de direction. — Cette pièce est désignée dans le texte par le seul mot de *Balista*. — Première moitié du quinzième siècle.

XXI. — A. Italie. Milieu du quinzième siècle. D'après une gravure de Valturi. Bombarde de fer maintenue par quatre liens sur un fût dont la partie antérieure se dresse à angle droit pour former heurtoir. Ce heurtoir, d'une médiocre épaisseur, était sans doute calé par des poutres et des pierres à l'instant de mettre en batterie. Les quatre renforts sont ornés de six cercles en cuivre, dont deux ciselés et garnis d'incrustations de couleur rouge. Culasse fort épaisse.

B. Profil d'une volée de bombarde fixée sur un fût à heurtoir, par un système semblable à celui de la f. A. Seulement les cordes sont doublées et des ferrures consolident les charpentes. Les têtes de boulons, en saillie dans le bois au-dessous de chaque anneau, dénotent une organisation semblable à celle qui est donnée, pl. 44, fig. C. Au-dessous sont figurés la chambre et le coin de bois qui servait à la forcer dans la volée. — Dessin donné par M. le colonel Favé, comme provenant d'un manuscrit de l'*Histoire des Croisades*, sans autre désignation.

C. ANGLETERRE. — Quinzième siècle. — Profil d'une bombarde d'après la planche 63 *bis* du *Traité d'artillerie* du général Piobert. Elle paraît reposer, entre deux flasques formant traîneau, sur deux barres transversales dont l'une, passée sous le tonnerre, se termine par une tête carrée, tandis que l'autre dépasse assez pour jouer au besoin le rôle d'un essieu. Tonnerre octogone, volée ronde, renforcée de neuf cercles, sur lesquels se dressent trois points de mire. — Sans indication de provenance.

XXII. — A. FRANCE. — Deuxième moitié du quinzième siècle. — D'après une miniature de la *Destruction de Troie*, m. s., 254, de la Bibl. imp. — Bombarde de cuivre, fixée sur un plateau d'affût par quatre liens de fer. Moulures légèrement ornées. Chambre à feu d'un calibre moitié moindre que la volée. Un chantier élève un peu l'angle de pointage de l'affût, dont la flèche est calée par quelques têtes de pieux. A gauche, un archer; à droite, des boulets de pierre, et, un peu plus loin, une enceinte, entourée par un fossé plein d'eau, et déjà endommagée par le feu de l'artillerie.

B. ITALIE. — Même date. D'après une pl. du m. s. 386 français. Bibl. imp. Grosse bombarde de fer reposant sur un plateau d'affût. Les trous d'encastrement des platebandes prouvent, qu'outre la chambre, la volée de cette pièce pouvait se diviser en deux parties : sur l'une est modelé un cavalier armé de toutes pièces; sur l'autre est un écu dont le détail se trouve au-dessous. Cet écu est celui de Fernand d'Aragon, roi de Naples, détrôné par Charles VIII.

XXIII. — A. FRANCE. — D'après une miniature de la *Fleur des histoires*, m. s. H., 525. Bibl. Mazarine. Grosses bombardes de fer en batterie devant une place. Sans affûts et sur chantiers. Les culasses sont masquées par de forts épaulements en terre. A gauche un homme d'armes. — Deuxième moitié du quinzième siècle.

B. BOURGOGNE. — Canons en batterie sans affût et sur chantiers. Leurs têtes de culasses sont appuyées contre de gros blocs de bois et des quartiers de roc. D'après une gravure du poème de la *Nancéide*.

XXIV. — A. FRANCE. Miniature du Tite-Live, m. s. 5718. Bibl. imp. — Quatorzième siècle.

Deux petites bombardes de fer, en batterie sur affûts fixes. Volées courtes, ayant un diamètre double de celui de leurs chambres, renforcées ainsi qu'elles par des cercles épais. Lumière percée entre le premier cercle de la chambre et la culasse. — La pièce s'encastre à moitié dans le plateau de l'affût, qui semble reposer, du côté de la bouche, sur une traverse que soutiennent deux montants. Ce plateau se compose de deux parties, assemblées à charnière, et amincies en forme de flèche du côté de la culasse; la partie supérieure se hausse à volonté, au moyen d'une cheville passée dans les trous de deux autres montants gradués, que nous appelerons *jumelles* de pointage (terme contemporain). La partie inférieure est immuable, et s'allonge à terre entre les deux jumelles, dont elle semble relier la base.

A droite des bouches à feu, se penche un soldat armé d'une torche, qui ne remplit pas ici le rôle d'un boutefeu, comme on pourrait le croire, car le sujet de la miniature est *un incendie allumé par les Troyens dans les machines de guerre de l'armée grecque*.

C'est le plus ancien monument qui nous soit fourni par un manuscrit dont les costumes et l'ornementation peuvent remonter au commencement de la seconde moitié du quatorzième siècle.

B. Même provenance. Bombarde de fer en batterie devant une place. Sa bouche, qui repose sur un chantier, est seule apparente. Une tente cache le reste.

XXV. — DANEMARCK. — Profil d'un canon de marine en fer, sur affût, trouvé dans les débris d'un navire échoué à la barre de l'île d'Anholt, et conservé dans la collection d'armes de Copenhague. — D'après un dessin manuscrit de M. Grunth. Longu. totale de la pièce et de sa chambre : 10 pieds 11 pouces 1/2; cal. de la volée : 5 pouces 9 lignes; cal. de la chambre : 3 pouces; poids de la chambre : 128 l.; de la volée : 964 livres.

L'examen immédiat de la planche suivante est nécessaire pour se rendre un compte exact de ce monument, auquel sa conservation donne un intérêt exceptionnel.

XXVI. — A. Plan détaillé de la partie la plus importante de l'affût, figuré pl. XXV. Nous voulons parler de celle où la chambre est à la volée. La chambre, de forme octogone, retenue par deux arrêts dont la saillie, débordant sur l'*affût*, permet ensuite d'activer son retrait, est pour ainsi dire forcée dans la volée par la présence d'une clavette A¹. — Cette clavette, fort épaisse, remplit les fonctions du coin de bois figuré au B de la pl. 21; et elle cale la chambre dès son introduction. Une forte pièce de fer fixe, figurée immédiatement au-dessous de cette clavette, fait corps avec le bois de l'affût, qu'elle protège contre l'usure qui résulterait du frottement et de la pression de la clavette, qu'il faut enfoncer chaque fois à coups de maillet dans son logement. Sous cette pièce de frottement est un anneau de manœuvre, solidement attaché sur une large plaque de fer. — Deux bandes de fer parallèles, allant de ce dernier point à la volée, consolident le bois de l'affût en maintenant la clavette et sa pièce de frottement.

Le bout de la volée est maintenu de son côté par deux autres bandes plus larges, posées dans le sens horizontal qui la contournent en son entier ainsi que son bois d'affût. Deux anneaux de manœuvre, au troisième groupe de cercles de la volée.

B. Profil de la partie figurée dans le plan A, dont il facilite l'intelligence.

C. Plan de la tranche de bouche, à demi-encastrée dans l'affût, qui est en bois de chêne. Sous l'affût, paraissent en perspective deux anneaux et une pièce de fer, qui concouraient à le fixer sur une sorte de plateforme.

La forme octogone de la chambre, dont la fig. 1, pl. 14, nous a donné un premier exemple, le rapprochement et la saillie des cercles de la volée peuvent faire dater ce monument de la première moitié du quinzième siècle.

XXVII. — A. FRANCE. — Deux bombardes de fer sur affûts fixes, en batterie devant une place. D'après une miniature d'un m. s. de la Bibliothèque de l'Arsenal, intitulé : *Chroniques d'Angleterre*. — Chaque pièce paraît à demi-encastrée dans un plateau d'affût, dont une extrémité s'allonge en forme de flèche, tandis que l'autre, dressée à un angle plus élevé, repose sur d'épais montants dont de grands madriers forment la base. Bien qu'un seul montant soit apparent, il est vraisemblable que la perspective nous en cache un second, sans lequel le point d'appui n'eut pas été assez solide. La ligne, qui semble séparer la base de l'affût de la première bombarde, semble indiquer le point de jonction de deux madriers. Un homme, armé d'une lance, est en sentinelle sur un épaulement voisin. La miniature représente le siége de Calais. On est frappé, en voyant ces bombardes, de la ressemblance qu'elles ont avec les *Michelettes* de la pl. 6. Cette ressemblance serait complète si les lumières oubliées par l'enlumineur permettaient de constater que les culasses sont de fer plein. La date de leur fabrication ne dépasse donc pas 1420.

B. FRANCE. — Bombarde de fer sur tréteau. D'après une miniature du Froissart, m. s. de la Bibliothèque de l'Arsenal. A part les deux montants qui l'empêchent de rouler à droite et à gauche, la pièce ne paraît maintenue sur le tréteau que par son propre poids. Sans être tout à fait aussi évasée que les *Michelettes*, elle est munie, comme elles, d'une forte culasse en fer plein. Lorqu'on pointait à un angle élevé, les bombardes, de la traverse qu'elles s'appuyaient la culasse sur la traverse supérieure qui relie les deux montants, comme dans la figure suivante. — 1410-1430.

C. PICARDIE. — Bombardelle de fer sur tréteau. D'après une miniature du m. s., 625, de la Bibliothèque d'Arras. Même système que le précédent, sauf l'adjonction d'un heurtoir au plateau d'affût, qui prend la forme d'un trian-

gle, dont le côté le plus ouvert se trouve sous la bouche. La broche qui relie les deux montants est en fer. On ne peut se rendre compte du mode d'arrêt de la culasse contre le heurtoir.

XXVIII. — ITALIE. — Calque d'une gravure de Valturi, dont voici la légende, relevée sur l'ex. m. s. de la Bibliothèque impériale. « Instrumentum erigendi pone machinam deprimendique. Appareil bon pour hausser en arrière et baisser une bouche à feu (mot à mot *machine*). » Nous voyons ici un canon de fer, à culasse fort massive, renforcé par cinq groupes de cercles, avec trous d'encastrement pour leviers à la platebande de bouche, et reposant sur un affût divisé en deux parties, que nous appellerons *supérieure* et *inférieure*. La partie supérieure fait corps avec la pièce qu'elle emboite à demi, comme une caisse ; elle varie d'inclinaison au gré du pointeur, entre quatre montants gradués, que traversent deux broches mobiles. Les bases de ces quatre montants, dont deux sont droits et deux arqués, sont reliées par de fortes chevilles à la partie inférieure de l'affût, qui forme un carré oblong, assez haut, et composé de trois étages de poutrelles solidement assemblées. Une sorte de heurtoir, dont la gravure ne semble pas avoir rendu l'épaisseur, a pour mission d'empêcher tout glissement de la partie supérieure de l'affût. Ce système d'affutage est, du reste, fort ancien, et nous aurons occasion de l'observer en France dès 1375. Quant à la date de notre monument, elle est, comme nous l'avons dit à propos de Valturi, comprise dans la première moitié du quinzième siècle.

XXIX. — BOURGOGNE. — D'après une miniature du *Champion des dames*, m. s. de la Bibl. de Bruxelles. — Bombarde de fer en batterie, sur affût à tréteau. Deux liens ou bandes de fer fixent la pièce sur le plateau d'affût soutenu par des tourillons entre deux montants. Un troisième lien consolide la flèche dont l'extrémité passe entre les quatre pointes d'une lourde griffe en bronze, destinée à l'assurer contre le recul. A droite, neuf boulets de pierre. A gauche, le maître canonnier, reconnaissable à sa robe, et deux aides, la tête nue, vêtus de jaquettes et chaussés de houssettes, qui étaient la chaussure uniforme des artilleurs de ce temps. Le deuxième servant de gauche se penche pour mettre le feu à la pièce, à l'aide d'un fer façonné en T et emmanché de bois. Au premier plan, un troisième aide, vêtu comme les autres, souffle le brasier destiné au chauffage des boute-feu.

Le manuscrit d'où nous avons extrait cette miniature est aux armes de Philippe-le-Bon. (1419-1467). Cette période doit être en même temps celle où furent fabriquées les bombardelles suivantes.

B. C. BOURGOGNE. — Bombardelles provenant du partage de l'artillerie de Charles-le-Téméraire, à Morat, et conservées à la Neuville (Suisse). D'après une planche des *Études* de M. Favé.

Ces bombardelles sont du même type que la précédente et que les fig. C. D. E., pl. V. Elles sont formées de cercles de fer roulés sur un mandrin et brasés ensemble, sans douvelles intérieures. Chambres cylindriques; volées évasées, n'ayant guère plus d'un calibre de longueur. Chaque pièce est fixée sur un fût à longue flèche, par deux larges bandes de fer qui le contournent en son entier. La bombardelle C a, outre un anneau de manœuvre, deux trous circulaires pratiqués dans l'épaisseur de son fût, au-dessous de la culasse et à la naissance de la flèche. Dans le premier de ces trous, se glissait sans doute une sorte d'essieu, qui rattachait le fût, soit à chacun des montants que nous voyons en A, soit à une paire de roues. Dans le trou de la flèche se plaçait peut-être un axe servant à l'assemblage d'une autre partie inférieure de l'affût dont nous avons eu occasion d'observer le rôle. Pl. 24, fig. A.

D. Bombardelle du même modèle que les précédentes, mais fixée sur un fût plus grossier. D'après une planche de M. Piobert, qui n'en indique pas la provenance.

XXX. — A. FLANDRE. — Deuxième moitié du quinzième siècle. Musée de la porte de Hal, à Bruxelles. — Profil d'un canon de fer octogone, sans chambre. Deux tenons, faisant corps avec la pièce, servaient à la fixer dans le plateau de l'affût, où ils étaient maintenus par des chevilles transversales, dont l'une est encore restée. Longu. : 1 m. 52 c.; diam. : 8 c.; cal. : 6 c. — Culasse consolidée par une partie massive d'une assez grande épaisseur. Cette pièce paraît se rattacher à la même variété que la fig. B.

B. ITALIE. — D'après une planche de l'inventaire de l'arsenal de Fernand d'Aragon, m. s., 6,993, Bibl. imp. Canon de bronze sur affût. La pièce est à pans, elle est munie d'un petit bouton de culasse, de tenons carrés au tonnerre, et d'une bouche ciselée en forme de tête de dragon. Elle s'encastre dans un affût mobile, dont les deux extrémités reposent sur un châssis à chevalet dont a la forme d'un triangle reposant sur un plan incliné. Son sommet, un peu obtus, est soutenu par deux pieds et traversé par une forte cheville, qui lui relie la tête d'affût et permet à cette tête de pivoter au gré du pointage.—Quant à l'affût, il se divise en deux parties superposées, assemblées du côté de la bouche, par une charnière, et en avant de la culasse par un arc de pointage, le long duquel la partie supérieure peut se hausser à volonté au moyen de deux clavettes glissées dans les trous de graduation. L'extrémité de la partie supérieure affecte la forme d'une tête d'oiseau, dont la courbe facilite encore les mouvements du pointeur. Vers le milieu des flasques dans lesquelles s'encastre la pièce, se remarque une ouverture oblongue, destinée probablement à l'introduction du levier lorsqu'on pointait à un angle peu élevé. — La partie inférieure de l'affût, qui sert de base à cet arc, peut glisser le long d'une traverse barrant le côté le plus ouvert du chevalet triangulaire que nous avons dépeint plus haut. Cette traverse devait être circulaire.— Seconde moitié du quinzième siècle.

XXXI. — Trois bombardelles sur affûts, d'après les pl. 79, 80 et 81, du m. s., 1914. Bibl. imp.

Malgré des différences assez apparentes, ces trois systèmes d'affûts dérivent du même type que le B de la planche précédente. En leur donnant ici une place, nous avons cédé à l'opinion qui les date de 1450 à 1500, mais nous ne serions pas surpris que les fig. A et C soient plutôt contemporaines des premières années du seizième siècle. Le dessin de leurs charpentes a un caractère germanique. La fig. B seule nous paraît plus ancienne et probablement antérieure au B de la pl. 30.

Les affûts A et C se composent de trois parties, l'une fixe et les deux autres mobiles.

La partie fixe est reposée sur le sol, où elle forme une base solide au moyen de trois poutres assemblées en triangle. Du sommet de ce triangle, qui est obtus comme à la pl. 30, s'élève un montant dans lequel la tête d'affût s'encastre et se fixe par une cheville, qui lui permet en même temps de suivre l'inclinaison du pointage. Cette cheville transversale dans la fig. A n'est pas apparente dans la fig. C.

Au-dessus de cette base, repose sur un plan incliné l'affût proprement dit, qui comprend les deux autres parties; l'une supérieure, emboîtant la pièce et retenue dans le montant dont nous venons de parler; l'autre inférieure, qui va s'arcbouter contre la base. Différent est le mode d'assemblage de ces deux parties : en A elles sont reliées par un arc de pointage courbe, qui part du montant et qui les traverse en entier, de façon à former un axe le long duquel la partie supérieure de l'affût monte ou descend à volonté. — En C, il n'y a pas aucun arc de pointage; la partie supérieure de l'affût est munie d'une sorte de taillant qui vient s'emboîter plus ou moins profondément dans la partie inférieure, où une cheville le retient sans l'empêcher d'obéir à l'inclinaison du pointage. — La partie inférieure de la fig. C peut obéir à des mouvements latéraux; il en est de même à la fig. A, en supposant que le montant et que le châssis soient traversés par une cheville ouvrière. — A terre, dans la fig. C se trouve un rouleau qui nous paraît un axe de rechange pour réunir les deux parties. Au premier plan, sont une pince de manœuvre et un anneau à crochet qui doivent aider aux mouvements de la flèche. Des entailles, pratiquées dans la base, permettent d'y faire manœuvrer plus facilement la pince, lorsqu'il est nécessaire d'embarrer.

L'affût B est composé de deux parties assemblées à charnière. La partie inférieure a la forme d'un chevalet reposant sur deux pieds; elle est armée de deux arcs de pointage ferrés et reliés par des tirants de fer. C'est entre ces arcs que se hausse ou s'abaisse la partie supérieure de l'affût.

Toutes ces bombardelles sont maintenues par des bandes de fer sur les affûts, dont le bois est entaillé assez profondément pour couvrir la tête de culasse et lui servir de heurtoir. Pour plus de solidité, ce heurtoir est encore entouré de nouvelles bandes de fer (fig. C). On voit par

3

la lumière de la pièce A combien la culasse a une grande épaisseur.

XXXII. — A. B. Bombardes sur affûts, construits d'après le même principe. On peut les regarder comme une fusion des modèles B, C, de la pl. 31, en ce sens qu'ils ont deux arcs de pointage arcboutés et peuvent recevoir des poussées latérales. Seulement la base forme une croix au lieu de former un triangle. — Même caractère, et même provenance que dans la planche précédente. Nous les croyons également bien près d'appartenir au seizième siècle.
C. Artillerie de Fernand, roi de Naples, d'après une pl. du m. s., 6,993, Bibl. imp. — Canon de bronze octogone, à tourillons coniques et à tonnerre renforcé. Son affût se compose de deux flasques cintrées, dont la tête s'appuie sur un chevalet tandis que la queue semble faire corps avec un assemblage de pièces de bois dressé à angle droit contre la culasse. — Seconde moitié du quinzième siècle.

XXXIII.—A. ITALIE.—Milieu du quinzième siècle. Canon de fer sur affût pivotant, d'après une gravure de Valturi. L'axe du pivot occupe le centre d'une tourelle autour de laquelle le canon glisse sur deux montants dont les pointes de fer entrent à volonté dans les trous d'une bande de fer circulaire, montée sur des coussinets en bois. L'axe, qui devait avoir une plus grande épaisseur qu'ici, tournait lui-même avec l'affût, et la ferrure qui les relie, ne sert qu'à obtenir l'inclinaison désirée par le pointeur, qui faisait jouer en même temps la crosse de l'affût entre ces bandes de fer à trous gradués, cumulant les fonctions de bras de pointage avec celles des pointes d'arrêt dont nous venons de parler. La seule légende relevée par nous, dans le texte original, est celle-ci : *Turris tormentaria*. Tour à canon.
B. FRANCE. — Deuxième moitié du quinzième siècle. — D'après une miniature du Quinte-Curce, m. s., 709, Bibl. imp. — Canons de fer en batterie à l'avant et à l'arrière de trois vaisseaux. Dans chacun, la lumière est percée vers le milieu du canon, ce qui prouve que la culasse était assez massive pour neutraliser le recul. Chaque pièce est dépourvue d'affût, mais une sorte d'armature ou de forte queue en fer, faisant corps avec elle, paraît la retenir au bordage du navire. La fig. D, de la pl. 67, donne un diminutif de cet appendice. Le canonnier qui paraît à droite allonge son bras armé d'un boute-feu.
Les monuments de ce genre sont fort rares.

XXXIV. — ITALIE. — Première moitié du quinzième siècle. — Bombarde sur affût à roulettes, d'après une gravure de Valturi. La pièce est en fer, avec un évasement sensible du côté de la bouche. L'affût a la forme d'un triangle, et peut manœuvrer la pièce comme dans les fig. A et C, pl. 31. Seulement sa construction le rend susceptible de mobilité. On peut le comparer à une caisse triangulaire sans couvercle, formée de madriers solidement assemblés. Le sommet de ce triangle est traversé par une grosse broche de fer, sur laquelle repose, au moment du tir, la bouche de la pièce. Cette manœuvre se fait au moyen d'une manivelle en bronze, dont les bras viennent successivement se porter contre le bourrelet de la bouche. Le côté ouvert du triangle est naturellement celui où se trouve la culasse, il est dépourvu de cloison, afin de laisser plus de jeu aux impulsions latérales du pointage. Le plateau de l'affût se compose d'un plancher recouvert de traverses cintrées, sur lesquelles la pièce repose comme sur un chantier, et sur chacune desquelles elle peut venir se caler lorsqu'on élève l'angle du pointage.
Le jet de feu qui s'échappe de la culasse n'est là que pour indiquer clairement la position de la lumière, et non pour annoncer que le coup va partir. Cette anomalie apparente a trompé jusqu'ici les savants qui ne sont pas au fait des procédés artistiques du moyen âge, où les artistes sont, comme en tous les temps primitifs, préoccupés avant tout de tout figurer, fut-ce aux dépens de la perspective et de la vraisemblance. On a donc donné tort, chose singulière ! à l'édition originale de 1472 et aux manuscrits antérieurs, et on a faussé le monument pour l'expliquer d'une façon plus commode, en transportant la lumière à la bouche et en plaçant celle-ci à la tête de culasse. Inutile d'insister sur les conséquences de ce procédé, auquel plusieurs commentateurs se sont laissé prendre.
La seule légende que nous ayions relevée dans le texte est celle-ci : *Verriculum tormentarium :* chariot à canon.

XXXV. — A. FRANCE. — Bombarde sur affût à roulettes, d'après une miniature du Froissart, 2,643, Bibl. imp. La pièce, d'une forme conique allongée, est maintenue par les deux broches de quatre arcs de pointage au-dessus d'un plateau d'affût monté sur deux roulettes et ayant la forme d'un triangle obtus. Ces arcs sont en fer et terminés par deux pointes entre lesquelles passaient sans doute des cordes de manœuvre. C'est le seul modèle de ce genre que nous ayions rencontré. — A gauche, des projectiles et deux chambres à feu, dans lesquelles M. Viollet-Leduc (auquel on doit une reproduction de cette miniature) voit des mesures à poudre, mais nous hésitons d'autant plus à le croire que nous n'avons jamais rencontré de mention de cet instrument. — Milieu du quinzième siècle.
B. Bombardelle sur affût à roulettes, d'après la pl. 80, du m. s., 1914, Bibl. imp. — L'affût se compose, comme presque toujours, de deux parties. L'une est l'affût proprement dit, l'autre une sorte de brouette composée d'une paire de roulettes, d'une flèche, terminée d'un côté par un bloc fort épais, et de l'autre par deux flasques entre lesquels l'affût se hausse ou s'abaisse à volonté. Le bois de celui-ci est toujours assez entaillé pour déborder la tête de culasse. — Fin du quinzième siècle.
C. Petit canon sur affût à roulettes, d'après une pl. du

m. s. 1914, Bibl. imp. — La pièce est en bronze, avec deux tourillons engagés dans les sus-bandes. Les tirants par lesquels sont retenus les arcs de pointage semblent annoncer que ceux-ci supportent leur part du recul. Il est probable que la broche de pointage qui s'engageait dans les trous de graduation (omis ici) passait non sous, mais dans la tête de culasse, comme cela s'observait quelquefois pour les calibres légers (V. pl. 69). Les grosses hacquebuttes, les grosses couleuvrines et les demi-serpentines devaient avoir un système d'affût analogue. Celui-ci paraît dater de la fin du quinzième siècle.

XXXVI. — A. FRANCE. — D'après une gravure de Flavius Josèphe, édition de 1492. Petit canon de campagne, monté sur un affût à deux roues, dont la flèche se termine en pointe. La bouche à feu peut mesurer 50 cent., si on prend pour point de comparaison la taille du fantassin qui l'accompagne. Elle est entourée de quatre projectiles.

B. FRANCE. — Deuxième moitié du quinzième siècle. Bombarde de bronze sur affût à roulettes, d'après une miniature du Froissart, m. s., 2647, Bibl. imp. — La pièce s'évase du côté de la bouche sa tête de culasse est d'une grande épaisseur. Affût divisé en deux parties : l'une inférieure, à demeure sur quatre roulettes, supporte deux montants entre lesquels la partie supérieure, épais plateau encastrant à demi la bombarde, est retenue par une broche transversale qui permet de changer son inclinaison. Le soldat qui brandit une courte épée, à gauche de la pièce, figure dans un combat que nous avons jugé inutile de reproduire.

C. BOURGOGNE. — Profil d'une bombardelle sur affût, conservée à l'arsenal de Morat et provenant du partage de l'artillerie de Charles-le-Téméraire, d'après une planche du colonel Massé. L'âme, qui n'a guère plus d'un calibre de longueur, se compose de dix douves en fer reliées par six cercles, qui sont eux-mêmes protégés par un épais renfort. La pièce est maintenue par trois bandes de fer qui entourent tout l'affût. Comme toujours, le bois de l'affût est assez profondément entaillé pour couvrir la tête de culasse et former une sorte de heurtoir, au-dessous duquel la flèche diminue d'épaisseur. L'essieu manque. — On peut le considérer comme un type perfectionné des affûts figurés pl. 29. Calibre de la volée : 11 pouces; épaisseur des douves : 1/2 pouce; épaisseur des cercles : 1 pouce.

XXXVII. — ITALIE. — Bombarde sur affût à roues, d'après une gravure de Valturi. — La pièce est en fer; sa tête de culasse est massive; et son évasement est sensible du côté de la bouche. L'affût a la forme d'une caisse oblongue, resserrant étroitement le canon, muni du côté de la culasse de deux arcs de pointage et de deux fortes griffes se fichant en terre pour arrêter le recul. Les roues sont ferrées; chacune n'a que quatre rais d'une grande largeur. On ne pouvait, en certains cas, se servir des arcs de pointage sans élever la bouche par des coins et des traverses en bois. La seule légende relevée par nous est

celle-ci : « *Instrumentum ad tormenta deprimenda extollendaque*. Appareil pour baisser et relever les canons. » — Première moitié du quinzième siècle.

XXXVIII. — A. BOURGOGNE. —Canon sur affût à roues, conservé à La Neuville (Suisse) et provenant du partage de l'artillerie de Charles-le-Téméraire à Granson. — D'après une planche donnée par le général Piobert. —C'est la continuation, singulièrement perfectionnée, du système dont nous avons déjà vu tant d'essais. — Les bouches à feu n'ont pas sensiblement changé. Dépourvues de chambres et se chargeant par la bouche, d'une longueur très-grande relativement à leur calibre et d'une grande épaisseur de parois, elles se composent comme autrefois de douves aux fers, soudées sur mandrin, puis reliées par des groupes d'anneaux supportant en général trois crans de mire.

L'affût se divise toujours en deux parties assemblées à charnière du côté de la bouche : l'une, encastrant le canon, peut être mobilisée entre deux arcs de pointage au-dessus de l'autre, qui repose sur le sol. Seulement, on remarque un grand progrès dans le soin et l'intelligence avec lesquels on a distribué les ferrures à la flèche, aux arcs de pointage, aux roues, à l'essieu et à la tête de culasse.

B. C. Plan et profil d'un canon de même provenance, d'après une planche du colonel Favé, qui a donné tous ses soins à une représentation fort détaillée de toute l'artillerie bourguignonne conservée à la Neuville. La pièce dont il s'agit ici est l'une des plus remarquables en ce qu'elle peut tourner sur ses deux tourillons encastrés et maintenus dans l'affût. Le pointeur peut varier l'inclinaison en déplaçant la broche qui soutient le bouton de culasse.

Au-dessus et au-dessous du plan B, nous avons figuré le détail du coffret à munitions qui relie les deux flasques, et de la sus-bande à charnière et à crochet qui maintient le tourillon dans son encastrement.

Si la figure A peut être regardée comme le type parfait de l'ancien modèle, la figure B est non moins importante en ce qu'elle marque le premier pas fait dans une voie nouvelle : la simplification de l'affût et l'emploi raisonné des tourillons.

Toutes les pièces du matériel de Charles-le-Téméraire sont restées couvertes de leur peinture primitive, qui est rouge. Nos exemplaires coloriés conservent néanmoins, pour plus de clarté, la couleur naturelle des parties en fer.

XXXIX. — A. B. BOURGOGNE. — Profil de deux canons conservés à l'arsenal de Morat et provenant du partage de l'artillerie de Charles-le-Téméraire, d'après une planche du colonel Massé. — La pièce A est en bronze; elle est rompue à la culasse, et mesure 2 pouces et demi de calibre. Elle est fixée sur son affût par quatre grandes bandes, dont deux portent des anneaux de manœuvre. Quatre autres bandes consolident la flèche. Sous l'affût, paraît un gros tenon carré, qui retenait probablement la pièce sur une partie inférieure. — Le canon B est identique, sauf ses anneaux de manœuvre, qui dépendent de ses cercles et non de ses bandes. Il est en fer; sa longueur est de 4 pieds 1/2 et son calibre de 15 lignes.

C. FRANCE. — Coulevrine de fer sur affût à roues, d'après une miniature du m. s., 88 français, Bibl. imp. — Deuxième moitié du quinzième siècle. Son tonnerre est carré; sa volée est ronde, elle est fixée sans doute, par un ou deux tenons dans le corps de son affût; — sorte de plateau oblong, dont la queue est arrondie et dont la tête se prolonge près de la bouche. Cette pièce a sa vraie place dans la série des armes demi-portatives de la pl. 68.

XL. — A. Artillerie bourguignonne sous Charles-le-Téméraire, d'après une gravure du poëme de la *Nancéide*. — Trois canons de petit calibre en batterie devant une place. Longues volées cerclées sur affûts, dont le bois se prolonge jusqu'à la tranche de la bouche. Sous chaque pièce, une paire de roues à hauteur de la culasse. Le second et le troisième canon ont seuls des liens communs avec leurs affûts; le second a près de la bouche un anneau en saillie. — Pointés à un angle aussi élevé, ils ne pouvaient se maintenir qu'en reposant leurs bouches sur un accident de terrain ou sur des chantiers. C'est ici le premier cas.

B. FRANCE. — Fin du quinzième siècle. — Miniature du m. s., 254, Bibl. imp., intitulé : *Destruction de Troyes*. Trois canons de fer en batterie devant une place. Volées très-longues, affûts sur deux roues à rais tors. Une limonière est adaptée à la flèche. Les affûts ont, du côté de la bouche, une déclivité calculée sans doute pour les cas où les pièces tiraient à un angle moins élevé. Un seul affût a des montants de pointage entre lesquels la pièce garde son équilibre d'une façon qui s'explique mal. Le second et le troisième canon sont cerclés de culasse. Le premier est à pans, ainsi que son bouton de culasse, il a des tourillons et sa bouche se termine en tête de serpent. Seconde moitié du quinzième siècle.

XLI. — A. FRANCE. — D'après un m. s. de la Bibl. de Rouen. Deuxième moitié du quinzième siècle. — Gros canon de fer et petit canon de cuivre sur affûts à roues, composés de deux flasques et peints en vert olive foncé, comme cela se pratique encore aujourd'hui. Les roues empêchent de voir si ces pièces sont retenues par des tourillons. La culasse du canon de cuivre est taillée en sifflet, sans doute pour faciliter le pointage. L'extrémité des flasques de cette dernière pièce n'a pu être reproduite, car elle est tranchée par le cadre de la miniature. A droite, quatre boulets de pierre. — Un canonnier, le genou en terre, plonge le bras dans un baril à munitions. Ses chausses sont violettes et ses manches rouges. Son armement défensif se compose d'un casque, d'un gorgerin, d'une cotte et d'un corselet recouvert de drap bleu, semé de croisettes.

B. FRANCE. — Deuxième moitié du quinzième siècle.

Trois petits canons et une bombardelle sur affûts à roues, d'après le frontispice du *Rosier hystorial*, qui représente la bataille de Marignan. Bien que l'édition consultée par nous soit datée de 1528 seulement, nous n'hésitons pas à donner à ses types une date beaucoup plus reculée, car ils offrent une similitude complète avec les monuments du quinzième siècle. — Les deux canons de droite sont français; à côté du canon et de la bombardelle de gauche, qui sont suisses, un enseigne agite son drapeau. — L'affût carré de la bombardelle montre qu'elle tirait d'ordinaire à un angle élevé.

XLII. — A. Arsenal de Fernand d'Aragon, roi de Naples, d'après une planche du m. s., 6993, Bibl. imp. — Canon octogone en bronze sur affût à deux roues. Comme il est pointé à un angle élevé, sa culasse disparaît complètement entre les deux flasques où elle repose, sans doute sur un support dont la tête n'est pas apparente. Dans ce cas, il y a lieu de présumer que la pièce est munie de tourillons cachés dans l'épaisseur des parties en bois. La flèche de l'affût est plate comme celle des pl. 39 et 41, mais elle se termine par un appendice carré qui adhérait assez au sol, pour opposer de la résistance au recul. — Deuxième moitié du quinzième siècle.

B. Canon de bronze sur affût à quatre roues, d'après la pl. 113 du m. s., 1914, Bibl. imp. — Contre la tête de culasse, se dresse une pièce de bois demi-courbe que traverse toute l'épaisseur de l'affût, au-dessus et au-dessous duquel elle offre une assez forte saillie. Un mouvement de bascule imprimé à cette pièce, — qui peut se mouvoir autour d'une broche dont la tête est visible, — suffisait pour changer l'inclinaison du tir. L'affût, muni d'un timon et de quatre roues de même diamètre, offre ceci de particulier qu'il est garni de deux montants, dans lesquels vient s'encastrer un mantelet. Celui-ci, qui est figuré plus haut, se compose de trois madriers, percés chacun d'un jour triangulaire, et reliés par une traverse à tourillons.

XLIII. — A. ITALIE. — D'après une planche du m. s. 6993, Bibl. imp. — Bombarde de fer, maintenue dans une cage de bois, de façon à pouvoir tirer verticalement. Nous y voyons plutôt un expédient qu'un premier essai de mortier. Peut-être même n'est-ce là qu'un moyen de transport analogue à la cage à roulettes de la pl. 80. Deuxième moitié du quinzième siècle.

B. ITALIE. — L'idée première d'un mortier est ici évidente. La bombarde, debout sur sa culasse, passe au travers du plateau d'un affût dont la flèche peut faire varier le plan en glissant le long du pieu de pointage qui la traverse pour aller se ficher en terre. Cette figure, copiée d'après le m. s. 7239, Bibl. imp., porte pour légende : « Iste currus com bombarda est valdè utilis ad mittendum lapides ardentes ac *abentes* caudas canapinas unctas pice et sulfure simul mistis ad comburendum castra intus habentia domicilia stipe et lignaminibus tecta et potest altius levari et inferiùs declinari. Ce char à bombarde est fort utile pour lancer des pierres enflammées et garnies de queues de chanvre ointes de poix et de soufre combinés afin d'incendier les châteaux dont l'intérieur renferme des habitations recouvertes de branches et de bois. On peut l'élever ou l'abaisser. »

C. Même provenance et même destination. Seulement l'affût repose sur quatre roulettes et la bombarde forme, avec sa chambre un coude qui facilite son service.

Détail de la bombarde C et de l'appendice carré à clavette qui la maintient sur son affût. La chambre mobile se présente devant son trou d'encastrement ; elle est munie d'une anse qui n'est pas visible en C.

Indépendamment de la commodité du chargement qui était plus grande, il paraît que des considérations de durée avaient déterminé ce système nouveau, car la légende le déclare pratiqué *causâ ceppum et bombardam bene servandi.—*A cause de la bonne conservation de la *bombarde et de l'affût.* » C'est, dit-elle, une : « *Bombarda super cepum foratum habens canonem in medio tube... Est inventa in vice mangani.* — Bombarde sur affût ou *ceppe* (ce mot est usité au moyen âge) percé ; elle a un canon (chambre) dans le milieu de son tube (volée) et est inventée à la place du mangonneau. » Cette dernière mention concorde trop avec l'idée de perfection relative qu'entraîne la vue de la bombarde à coude, détaillée pl. 44, pour ne pas prouver que le recueil de Pauli Sancti est bien antérieur à celui de Valturi et date certainement du quatorzième siècle.

E. Projectiles employés dans le tir des bombardes précédentes : 1° sac de cailloux, *saccus lapillis plenus* ; 2° boulet de pierre ; 3° boulet de pierre muni de la mèche soufrée (*funiculus sulfatus*) détaillée à la fig. B. Cette mèche est engagée dans un anneau de fer fixé au boulet.

XLIV. — A. D'après une gravure de Valturi. — Profil d'une bombarde à coude, composée de deux tubes d'inégale longueur, réunis à angle droit, et maintenus sur un même affût par des armatures de fer (V. B et C). Le projectile se plaçait dans le tube vertical. Le tube horizontal contenait la charge, mais il est probable que la chambre était de petit diamètre ou qu'elle ne régnait pas dans toute sa longueur et qu'une grande partie de la culasse était massive, comme cela se présente souvent. — C'était un perfectionnement relatif de la bombarde à coude, représentée dans la figure précédente.

B. Détail de l'armature de fer assujettissant la bombarde sur son affût. Elle est vue de face et se compose d'un arc de cercle, relié par deux montants à une broche, terminée de pierre ; un bout par un boulon et à l'autre par un anneau. La tête de cette broche est à piton dans lequel s'engage un anneau ; le bout est percé d'un trou dans lequel est passée une clavette maintenant une rondelle. Dans le détail de cette armature, que nous avons calquée sur Valturi, l'arc n'est pas à beaucoup près aussi cintré qu'il devrait l'être pour embrasser la bouche à feu.

C. Coupe de l'affût traversé par l'armature figurée en B. On y voit que toute la solidité de l'armature dépend

de la clavette qui termine la broche. Une fois celle-ci retirée, la broche pouvait sortir de son logement, et les montants ainsi que l'arc, assujettissant la bouche à feu, n'étaient plus retenus.

D. Bombe formée de deux hémisphères de cuivre maintenus par un cercle de fer, au-dessous duquel une sorte de petite porte en fer paraît être destinée à l'introduction de la poudre. Cette porte est à deux battants, fermés à l'aide d'une goupille. Au-dessus, un trou circulaire garni de fer, duquel s'échappe une mèche enflammée.

C'est à cet ensemble détaillé, A, B, C, D, que s'applique la légende suivante , collationée par nous sur le manuscrit : « *Est inventum quoque alterum machinæ hujusce tuum , Sigismunde Pandulfe , quâ pile eneæ tormentarii pulveris plene cum fungi aridi fomite urientis emittuntur.* »

« Elle est aussi tienne, Sigismond Pandulphe, l'autre invention de cette machine qui lance des projectiles d'airain, pleins de poudre à canon, à laquelle le feu est communiqué par une mèche bien sèche... mot à mot: pleins de poudre à canon, brûlant avec l'inflammation d'une corde aride. »

L'idée de ce projectile explosif ne se borna pas à l'Italie, car un manuscrit donné en 1525, par un conseiller de Nuremberg aux magistrats de Strasbourg, et conservé dans la bibliothèque de cette dernière ville, reproduit parmi ses planches des boulets d'airain et de pierre creusés, cerclés de fer et remplis de poudre.

E. Reproduction d'une planche donnée par Diego Ufano, dans son chapitre *Des premières pièces qui furent forgées en fer.* Malgré l'addition de quatre roulettes et une légère différence dans la nature des liens, le type primitif est reconnaissable. C'est bien la bombarde A. Seulement, par une erreur semblable à celle qui a dénaturé la bombarde de la pl. 34, Ufano n'a pas voulu ou n'a pas su constater là une bombarde à coude, et il a pris la liberté de faire de la culasse une autre volée, en disant que cette figure avait été décrite faussement par ses prédécesseurs, que ce n'était pas une seule pièce, mais deux pièces réunies à angle droit, et propres à jouer alternativement. Il ajoute même que les anciens (Espagnols) la nommaient pièce *compago* ou pièce *composée.* Ce modèle de bouche à feu a pu exister, mais on ne saurait le voir dans cette figure, qui nous paraît une simple copie de notre mortier à coude. Le nombre des liens, leur mode d'attache, la disposition des platebandes sont identiquement les mêmes.

XLV. — FRANCE. — Plans de quatre mortiers en fer forgé à tourillons. Seconde moitié du quinzième siècle.

A. Trouvé à Notre-Dame de Liesse, où il servait de borne, et conservé au musée de Laon. Longu. : 52 c.; diam. : 19; cal. : 9; saillie des tourillons : 65 mill.

B. Conservé au musée d'artillerie. Long. : 80 c.; cal. : 16 cent.

C. *Idem.* Longu. : 90 c.; cal. : 30 c.; diam. : 40 c.; saillie des tourillons : 7 c. Provenant de l'arsenal de La Fère, à la porte duquel il servait de borne.

D. *Idem.* Longu. : 1 m. ; diam. : 48 c. ; cal. : 35; saillie des tourillons coniques : 10. Ame formée par 22 douves de fer forgé, épaisses de 2 c., reliées par des cercles qui atteignent à la tranche de bouche une épaisseur de 45 mill. Une croix est gravée au-dessus de la lumière.

XLVI. — A. FRANCE. — Deux mortiers de fer en batterie, d'après une miniature du Froissart, m. s., 2,648, Bibl. imp. — Chaque mortier est terminé par une sorte de bouton de culasse très-massif, et fortement verdé de fer. Il est maintenu par des tourillons, entre deux montants ferrés, solidement établis sur une plateforme à roulettes. Deux canonniers ont le genou en terre et un boute feu à la main. L'un met le feu en portant la main gauche à l'oreille, l'autre vient d'en faire autant et se renverse en arrière. — Deuxième moitié du quinzième siècle.

B. FRANCE. — Même date. Deux mortiers en batterie. L'un ressemble aux précédents, mais son plateau est sans roulettes. L'autre, sans tourillons ni affûts, repose à terre au milieu de ses projectiles. D'après une gravure de la *Mer des histoires,* éd. de 1498.

XLVII. — A. FRANCE. — Deuxième moitié du quinzième siècle. — D'après une miniature d'un *mystère* m. s., 625, de la Bibl. d'Arras. — Mortier de fer en batterie devant une place. Forme tronconique, pas de tourillons, trois groupes de liens, dont le second porte un anneau pour manœuvre de force. Il est retenu sans doute par un croc d'arrêt dans le corps d'un bloc de bois taillé de façon à lui permettre de tirer à un angle élevé. — L'ensemble de la pièce et de son affût rappelle ce qui est aujourd'hui.

B. C. ÉTATS BOURGUIGNONS. — Deuxième moitié du quinzième siècle. — Bombardes-mortiers de fer sur affûts fixes, d'après deux manuscrits exécutés pour La Gruthuse, dont cette bouche à feu constituait l'emblème favori. Les fig. B et C dans les encadrements d'un *Gilles de Rome,* m. s. de la Bibl. de Rennes, et dans le m. s. 8,320 de la Bibl. imp. — Elles ont l'aspect de deux pots de forme cylindrique munis de tourillons. De forme plus massive, la fig. B a des platebandes en saillie et des traverses d'affût que n'a pas la fig. C. Il y a aussi une légère différence dans le système des ferrures qui consolident la partie du montant, dans laquelle viennent se loger les tourillons. Il va sans dire que toutes ces pièces de bois étaient moins grêles que l'enlumineur ne les a faites. Des bouches à feu s'échappent des projectiles que nous avons omis; ils sont de pierre, entourés de flammes produites par le foin qui les entourait d'ordinaire.

D. FRANCE. — Fin du quinzième siècle. — D'après la fig. 46 du m. s., 1,944, Bibl. imp. — Mortier de bronze monté sur un affût composé d'une plateforme carrée et de deux gros montants ferrés et arcboutés, dans lesquels viennent s'encastrer les tourillons de la pièce. Une pièce de bois courbe, placée sous la culasse, remplit pour le pointage le même office que la f. B. de la pl. 42. C'est le mortier de La Gruthuse, visiblement perfectionné, mais ce n'est pas encore le mortier du seizième siècle, qui se rapproche plus de la forme moderne, comme le prouve une planche du *Traité d'artillerie,* m. s., donné en 1525 à la ville de Strasbourg et conservé dans la bibliothèque de cette ville.

XLVIII. — ITALIE. — Quatorzième siècle. — Deux canons de fer à queue sur affût, d'après une miniature du m. s., 7,239, Bibl. imp.

Cette miniature est fort importante, en ce qu'elle nous donne le point de départ d'une classe de bouches à feu qui joua au moyen âge le rôle d'une véritable artillerie de campagne, et dont le rôle est passé jusqu'ici inaperçu. De très-petit calibre et de forme allongée, ces pièces sont en général munies de tourillons et de queues de fer, qui concourent à faciliter le pointage d'une façon assez remarquable pour le temps. La miniature de Pauli Sancti, reproduite ici, est donnée comme la plus ancienne, car elle provient d'un manuscrit attribué par Du Cange à la première moitié du treizième siècle.

L'affût de gauche est fixe; il se compose d'un épais plateau sur lequel se dressent quatre montants. Deux de ces montants servent à l'encastrement des tourillons; dans les trous gradués des deux autres passe une broche mobile, sur laquelle repose la queue de la pièce. Sur le plateau, sont deux broches de pointage.

Le second canon n'a point de tourillons, son affût mobile est monté sur quatre roulettes et protégé par un mantelet assez court, où le dessinateur paraît avoir oublié de pratiquer une canonnière. Le canon, qui est dépourvu de tourillons repose sur une fourche dont la tige est engagée dans le plateau; sa queue a ceci de remarquable qu'elle est traversée par la broche de pointage au lieu de reposer sur elle, sans doute pour prévenir un glissement que pourrait produire le manque de tourillons. — Un canonnier met le feu à la pièce avec une longue verge en fer à bout courbé.

La légende de cette dernière pièce est celle-ci : *Cerbotana ambulatoria;* cerbotane mobile. — L'autre légende, plus explicite, porte ces mots : « Bombarda cerbotana ad longe pillulas seu explicit quiâ virtus unita in fer fortior dispersa. La bombarde cerbotane envoie au loin ses projectiles, parce que la force (de la charge), contenue (plus longtemps dans une cerbotane que dans une bombarde ordinaire), n'en est que plus grande au sortir de la bouche (mot à mot : une fois *dispersée*). »

Le mot *cerbotana*, selon Ducange, fait plus tard Sarbatane, d'où notre *sarbacane* moderne. Le mot de basse latinité *cerbus,* qui veut dire *fiole,* rend avec non moins de précision la forme du canon à queue.

XLIX. A. SAINTONGE. — Quatorzième siècle. — Collection Brisson, à La Rochelle. — Plan du dessous d'un canon de fer à queue, à chambre et à tourillons porte-fourche. Longu. totale : 1 m. 36 c. ; cal. : 4 c. ; longu. du pivot : 35 c. ; saillie du tourillon : 5 c. L'étrier porte-chambre est assemblé au marteau avec la volée; la clavette destinée à serrer la chambre a 30 c. de longueur sur 4 de large, elle est attachée par une chaîne de 32 c. à la base de la quene, qui a 39 c.

B. VENDÉE. — Même date et même provenance. Plan du dessus d'un canon trouvé en 1837 dans la Vendée, à 2 m. de profondeur dans un terrain défriché. Longu. totale : 4 m. ; cal. : 4 c. 5 mill. ; poids : 39 kil. En tout semblable la fig. A, hors les deux tenons carrés, voisins des tourillons, et chargés de consolider la réunion de l'étrier de chambre. La saillie de chaque anneau est de 15 mill., celle des tourillons est de 5 c. L'épaisseur aux parois est de 2 c. à la culasse et de 15 mill. à la bouche. La chambre a 15 c. de longu. et 10 de diamètre. La clavette a perdu sa chaîne, la quene est cassée et les tourillons n'ont plus leur fourche à pivot.

C. FRANCE. — Première moitié du quinzième siècle, Musée d'artillerie de Paris. — Plan d'une bombardelle de fer à quene et à tourillons. La forme légèrement évasée, chambre manque. Longu. totale : 1 m. 09 c. ; cal. : 5 c. — Tout ici contribue à nous montrer une date plus récente que les autres : — la perfection relative de cette pièce dans toutes ses parties, l'espèce de raffinement qui a présidé à la forge de ses détails, le caprice de son profil figuré en D, et enfin le changement notable du mode de jonction de l'étrier qui est soudé pour ainsi dire et non plus grossièrement superposé comme dans les modèles précédents.

D. Profil de l'étrier figuré dans le plan C.

E. Profil d'un canon à quene sur affût chevalet, d'après une planche du *Traité d'artillerie* de M. le général Piobert, qui ne dit pas à quel musée il appartient. Ce modèle d'affût nous paraîtrait vraisemblable, si le canon n'était pas muni d'une quene qui forme un appendice inutile, et qui cependant devait jouer un rôle en pareil cas. Jusqu'à preuve positive de l'antiquité de cet affût, nous croirons donc que la bouche à feu qu'il supporte reposait plutôt aux quatorze et quinzième siècle sur un affût du modèle de ceux qui soutiennent la *cerbotane* italienne de la pl. 48. Là du moins la quene trouve un point d'appui en s'abaissant, en se levant entre les *jumelles* comme un vrai bouton de culasse.

L. FRANCE. — Quatorzième siècle. Canons de fer à quene, chambre, tourillons, et fourche conservés, hors l'affût D., au musée d'artillerie de Paris.

A. Longu. : 1 m. 43 c. ; diam. à la bouche : 16. c. Calibre : 62 mill. Etrier à large manchon dans lequel s'encastre la pièce ; celle-ci est composée de douves maintenues par sept liens ornés de crans. Une fois engagée dans la pièce, la chambre reposait entre ces deux branches de l'étrier d'où une sorte de bride horizontale l'empêche de glisser. — B. Longu. : 1 m. 14 c. ; cal. 55 mill. Semblable au premier, sauf l'absence de tenons carrés pour fixer le manchon d'étrier à la volée. Un cran de mire est répété sur chaque cercle ; le détail en est figuré au-dessus de la tranche de bouche.

La pièce a conservé sa chambre et la clavette qui force celle-ci dans l'étrier.

C. Canon de fer forgé d'une seule pièce, sans chambre. Renflement prononcé au tonnerre. De la culasse partait sans doute une quene semblable à celles des fig. A et B. La bouche est encore mi-couverte d'une sorte de feuille en fer battu qui devait envelopper toute la volée comme un fourreau. Longu. : 75 c. sans la quene ; cal. : 25 mill. — Trouvée à Ardres, près Dunkerque, et conservée au Musée d'artillerie.

D. COMTÉ DE VERDUN. — Quatorzième siècle. — Canon de fer provenant de l'ancien château de Ville en Woëvre et conservé chez M. Péroux, au même lieu. — Longu. : 1 m. 80 c. ; cal. : 4 c. ; diam. de la culasse : 10 c. diam. du bourlet en tulipe qui est à la bouche : 11 c. — Volée garnie de onze anneaux ; la trace d'un douzième subsiste près de la culasse. — Cette pièce présente une grande analogie avec la fig. C, et tout nous porte à croire qu'elle avait aussi une quene et des tourillons. Nous n'avons malheureusement pas été à même de constater s'il n'y avait pas des traces de rupture sur ces divers points. — Elle a été donnée à la famille Péroux, par M. de Haguen, dernier seigneur de Ville.

LI. A. NORMANDIE. — Première moitié du quinzième siècle. — A. Plan et profil de deux bombardelles de fer à quenes, à chambre et à tourillons porte fourche. Trouvées dans les fossés du château de Lisieux et conservées au Musée de Rouen. Encore munies de leurs chambres et des clavettes qui servaient à consolider l'encastrement de celles-ci dans la volée. Volées entourées par quatre larges groupes d'anneaux. Quenes et branches d'étriers de forte dimension. — Longu. : 80 c. ; cal. : 4 c. ; poids : 40 kil. ; diamètre à la bouche : 12 c. — B. Marque de fabrique gravée sur le couronnement de l'étrier. — C. Chambre à anse contournée, saillie d'encastrement assez courte. Elle est encore chargée et munie de son tampon de bois. — Longu. : 9 c. ; cal. : 25 mill. ; diamètre 7 : c.

Ces pièces sont d'un bon travail et d'un calibre beaucoup plus gros que les autres. Mises en regard des canons à quenes fig. pl. 49 et 50, ce sont des espèces de mortiers.

E. Plan de l'encastrement de chambre d'un canon à quene décrit ci-dessous. F. Coupe transversale. G. Plan de la tranche de bouche.

LII. — DANEMARK. — Première moitié du quinzième siècle. — Profil d'un canon de fer à quene conservé dans la collection d'artillerie danoise et provenant de Christiansbourg. Longu. : 1 pied 3 pouces 1/2 ; calibre de la volée : 1 pouce 35 lignes. Calibre de la chambre : 9 lignes. — Cette pièce, calquée sur un dessin de M. Grunth, représente, à une plus grande échelle, les types A de la pl. 51. Seulement la broche engagée dans les trous de joue passait, non derrière la chambre, mais derrière son anse. Le dernier cercle porte de plus un guidon de mire.

LIII. — FRANCE. — Deuxième moitié du quinzième siècle.

— Plans de trois canons de fer à queue, chambre et tourillons à fourche. Même système que les précédents : seulement la facture, plus arrondie et plus facile, décèle une époque plus moderne.

A. — Musée d'artillerie de Paris, n° 18. — Longu. : 2 m. 25 c. ; cal. : 72 mill.

B. Musée de Dieppe. Longu. : 1 m. 96 c. ; diam. de la bouche : 11 c.; queue terminée par un anneau. Longu. de la clavette : 35 c. Longu. du pivot à fourche qui se rattache aux tourillons : 33 c.

C. Pêché en 1827, près de Calais, sur le ban Dartingue, où une flotte anglaise fit naufrage en 1415. Bien qu'il ait passé pour le plus vieux canon d'Europe (V. le *Magasin pittoresque* de 1855), nous ne le croyons pas antérieur au quinzième siècle. Au seizième siècle, ce modèle n'avait pas beaucoup varié comme on peut le voir dans les deux canons de ribaudequin anglais (pl. 61).

Ce canon fut acheté 1,200 francs par le vicomte Montagne, à Cowdray (comté d'Essex). La charge était refoulée par un tampon de chêne sur lequel était un boulet de plomb, entouré de chanvre, pesant 125 grammes. Longu. totale : 1 m. 83 c. ; diam. de la bouche : 67 mill.

D. Plan de l'encastrement de chambre du canon décrit ci-dessous.

LIV. — DANEMARK. — Fin du quinzième siècle.—Profil d'un canon de fer à queue conservé au Musée de Copenhague et trouvée au Cattegat, près l'île d'Anpolt. La pièce est munie de sa chambre, derrière laquelle passe la broche ; ses tourillons reposent sur une fourche dont la tige pivotait sans doute sur son plateau d'affût. — Longu. : 9 pieds 7 pouces ; cal. : 2 pouces. — D'après un dessin de M. Grunth.

LV. — FRANCE. — Canons de fer à queues et à tourillons, porte-fourche à pivot. — Fin du quinzième siècle.

A. Trouvé à la Teste et conservé au Musée de Bordeaux. Longu : 3 m. 20 c.; cal. : 7 c. ; poids : 250 kilog. — La chambre n'était pas maintenue dans l'étrier par une broche. — Profil.

B. Musée de Rouen. Longu. : 1 m. 94 c. ; cal. : 4 c. ; diam. de la bouche : 10 c. La queue est cassée. — Profil.

C. Musée de Nantes. Longu. : 1 m. 50 c. ; cal. : 8 c. L'étrier a disparu. — Plan.

D. E. BELGIQUE. — Musée de la porte de Hal, à Bruxelles. Profils de deux chambres de fer pour canons à queue. D. Longu. : 25 ; cal. : 3 c. E. Longu. : 36 c. ; diam. à la bouche : 8 c. ; cal. : 4 c.

LVI. — ALSACE. — Deuxième moitié du quinzième siècle. — Plan d'un ribaudequin à trois canons en une seule pièce, d'après une planche d'une continuation m. s. de Valturi, conservé à la Bibl. de Colmar. Cette pièce enfer paraît être d'un travail élégant et fort soignée; elle se compose d'une bombarde accotée de deux bombardelles dont les culasses sont reliées à sa chambre par des appendices de fer ciselés en forme de feuilles d'acanthes. Lu-

mières non indiquées. Renfort prononcé à la naissance de chaque volée. Quatre anneaux de manœuvre ciselés en torsades.

LVII. — Même provenance. — Vue d'un ribaudequin fixe à trois bombardelles reliées, ainsi que leur affût, par deux bandes de fer, dont la seconde doit former heurtoir. Chaque pièce a un anneau de manœuvre à droite de la lumière. L'affût est triangulaire et fort massif, il se compose de trois pièces qui sont les tréteaux, l'affût proprement dit, et une sorte de brancard assemblé avec l'affût, reposant toujours sur le sol et servant de base aux bras de pointage entre lesquels la flèche s'élève à volonté. Tout changement de la flèche fait mouvoir le corps de l'affût autour de l'axe qui le retient entre les deux montants.

Il est toujours bon de faire observer que le dessinateur a négligé toute perspective en voulant montrer en une seule figure tous les détails du modèle. Dans cette planche et dans les suivantes, le plan et le profil sont confondus de façon à dérouter au premier abord un œil non prévenu. — Le caractère assez grossier de cet engin dénote au moins la première moitié du quinzième siècle.

LVIII. — Même provenance. — Ribaudequin fixe à six bombardelles maintenues par deux bandes de fer (dont la seconde doit former heurtoir), autour d'un affût arrondi comme un tronc d'arbre, que chaque pièce dépasse de la longueur de sa volée. Une cheville dont la tête paraît à la tête d'affût semble avoir pour mission d'en relier les différentes parties, car pour être transportable, cette grosse pièce se démontait nécessairement. L'affût se compose, comme le précédent de trois parties remplissant le même rôle. Seulement, l'affût proprement dit paraît entaillé de façon à reposer sur la cheville des tréteaux sans être traversé par lui. — Même époque et même remarque pour le défaut de perspective.

LIX. — A. Même provenance. Ribaudequin tournant à six bombardelles disposées en cercle et maintenues par une bande de fer sur une plateforme ronde. Au centre de cette plateforme est une pièce de fer servant de heurtoir commun à toutes les culasses. Sur le pourtour règne une autre bande qui consolide la plateforme. Celle-ci paraît reposer sur trois pieds, dont deux forment tréteaux et dont le troisième s'arcboute contre le sol pour prévenir les effets du recul. La partie essentielle de cet engin est une sorte de flèche courte, trapue et creuse, se perdant sous la plateforme et servant sans doute de canal à un cordage directeur. Ce cordage fait tourner la plateforme à l'aide d'un treuil, oppose successivement les feux de chaque bombardelle selon la rotation d'une roue de fer dont l'arbre est vissé à l'extrémité d'un madrier qui fait corps avec la base de l'affût. — L'ouvrage de Valturi représente aussi un disque armé de canons, mais la disposition en est moins ingénieuse. — Deuxième moitié du quinzième siècle. Même remarque pour le défaut de perspective.

B. FLANDRE. — Quinzième siècle. D'après une miniature du Froissart, m. s., 2,644, Bibl. imp. — Batterie de campagne composée de deux bombardes et d'un ribaudequin à trois canons qui, sauf les tourillons, paraissent ressembler aux canons à queue. Ces bouches à feu sont en fer sur affûts à roues ferrées; mais les flèches de ces affûts sont, ainsi que les culasses des bombardes, coupées par le cadre de la miniature. La portion visible montre, si l'on a égard à la position de la lumière de la dernière pièce, combien la tête de culasse était massive. — En avant de ces pièces, combat un groupe de défenseurs. La miniature représente la bataille de Rosebecque, qui se termina par la prise de l'artillerie flamande.

LX. — ALSACE. — Quatorzième siècle. — Calque de la pl. 9 de la continuation de Valturi m. s., 213, de la Bibl. de Colmar. — Plan d'un ribaudequin de campagne, à quatre bombardelles de fer sur affût à faux. Pour bien se rendre compte de cet engin, il ne faut pas oublier qu'il est vu de plan. C'est un plateau oblong, formé de poutres solidement assemblées par des bandes de fer, hérissé de lances et de faux destinés à porter le trouble dans les rangs ennemis. L'une de ses extrémités est terminée en pointe; l'autre figure un timon, dont la forme en T permettait à un certain nombre de soldats de pousser à bras le ribaudequin. Les roues nous sont cachées par les planches armées de faux qui flanquent la plateforme. Deux soldats, engagés dans les chevrons du timon, paraissent en vouloir changer la direction. La position des quatre bombardelles, assises sur la plateforme, indique assez le rôle offensif de ce ribaudequin, qui devait ouvrir assez vivement les rangs ennemis pour que ses feux latéraux prennent d'enfilade. Cette planche des plus remarquables est, selon nous, une représentation assez exacte de ces fameux ribaudequins que les milices flamandes employèrent en si grand nombre, et avec un certain succès, dans leurs grandes insurrections de la fin du quatorzième siècle.

C'était avec ces ribaudequins qu'on entamait la bataille. Outre les feux latéraux, la disposition particulière de la pointe triangulaire, armée de quatre faux, montre qu'ils étaient destinés au premier rôle dans la mêlée. Outre ces pointes, deux taillants de fer, à pointes inclinées et entre-croisées, protégeaient encore les canonniers postés sur la plate-forme. — L'exiguïté de notre planche nous a forcé à briser les lances de gauche.

LXI. — A. FRANCE. — Quinzième siècle, d'après deux miniatures du Froissart, m. s., 2,643, Bibl. imp. — Deux ribaudequins à deux bombardes chacun sur affûts à roues ferrées. Les affûts sont de simples plateaux formés par deux madriers. Un seul affût a deux montants qui soutiennent un mantelet. Sur le premier plan, on remarque, soit des projectiles, soit des chambres de diverses longueurs. Les trous qu'on aperçoit aux culasses de ces pièces, feraient penser que les chambres n'y sont pas encore encastrées-si-en deux endroits, les lumières n'é-

taient pas apparentes. Peut-être l'artiste a-t-il voulu figurer une sorte de bouton de culasse.

B. ANGLETERRE. — Seizième siècle. — Ribaudequin anglais, à deux canons, d'après une ancienne peinture représentant le siége de Calais (1558). Ce sont des canons à queue, d'apparence conforme à ceux de la pl. 53. On les utilisait, paraît-il, assez souvent de cette façon, car la pl. 59 en donne un autre exemple.

L'affût a deux roues ferrées, et un brancard qui permet de le pousser à bras et de lui faire garder au repos une position horizontale. Des fers de lances en défendent l'approche et un mantelet l'enveloppe comme une carapace.

LXII. — FRANCE. — Fin du quinzième siècle, d'après une planche du m. s., 1914, Bibl. imp. — Ribaudequin de campagne, armé d'un canon et poussé par un cheval attelé derrière la pièce. Le cheval porte un collier; il est monté par un conducteur demi-armé. L'affût est une plateforme assez massive, sur laquelle le canonnier, assis, se prépare à mettre le feu à sa pièce. La bouche de celle-ci est seule apparente, le reste est caché par un mantelet percé de cinq trous qui permettent au servant de voir devant lui. Les abords de cette pièce sont défendus par une pique et un large fer tranchant taillé en croissant. Outre ses montants, le mantelet est consolidé par une forte tige de fer que supporte le moyeu de chacune des deux roues.

LXIII. — Même provenance et même date.

A. Deux ribaudequins à trois canons chacun. Le premier est monté sur deux paires de roues; son plateau d'affût est garni d'un parapet crénelé, de quatre volets joints à charnières et d'une tête monstrueuse, formant un mantelet destiné à garantir les servants montés sur le chariot. Les chevaux devaient être attelés, comme dans la planche précédente, à rebours au timon, car l'extrémité du ribaudequin, que nous n'avons pas reproduite, affecte la forme d'une grande pointe destinée à percer les rangs ennemis.

Le second ribaudequin a ceci de particulier qu'il est composé de deux plateaux superposés et assez distants l'un de l'autre pour que le plateau supérieur puisse obéir à l'inclinaison du pointage. Ce plateau est, à cet effet, traversé par un axe qui repose de chaque côté sur deux barres de fer; il est de plus muni d'un heurtoir dont les faces latérales sont percées de trous destinés à la broche de chaque bras de pointage. Un anneau rivé au milieu du heurtoir facilite cette manœuvre. Ce ribaudequin avait une limonière et une seule paire de roues.

B. Mantelet roulant, percé de meurtrières pour couleuvriniers. Deux soldats y ont engagé leurs couleuvrines de cuivre à manches courbes; un troisième pousse la limonière qui fait avancer le mantelet sur deux roues armées de faux. Le parapet du mantelet est garni de trois piques et affecte un saillant qui permet aux couleuvriniers des feux obliques. — Les costumes et les armures sont du commencement du seizième siècle.

5

LXIV. — Autre mantelet roulant pour couleuvriniers. Il est d'une construction plus massive et moins ingénieuse. Les deux roues sont pleines et ferrées. Les panneaux de bois qui forment le mantelet paraissent assemblés par une sorte de charnière visible au premier plan. Le bas du panneau extérieur offre une saillie sur laquelle reposent quatre canons de couleuvrines à main, dont deux font feu. Les culasses ne sont pas apparentes, elles n'avaient sans doute pas de crosses et étaient fixées comme celle de la pl. 65. Au-dessous, règne un rang de cinq armes de hast, dont deux guisarmes et trois piques garnies d'artifices enflammés. Un certain nombre d'hommes poussaient ce mantelet en s'aidant des chevilles du tronc d'arbre qui sert de timon. Pour garder son équilibre, lorsqu'il était sans conducteur, il fallait que ce timon reposât sur un bloc de bois, comme cela se présente ici. — Cette figure est calquée sur une planche de la Pyrotechnie d'Hanzelet (Pont-à-Mousson, 1630), mais le modèle, évidemment plus ancien, date bien de la fin du quinzième siècle.

LXV. — FRANCE. — Fin du quinzième siècle. — Plan et profil d'un orgue conservé au Musée de l'Ecole d'application, et provenant de l'arsenal de Metz. C'est un plateau de bois muni de tourillons sur lequel cinq canons de fusil, d'inégale longueur, sont fixés par deux bandes de fer solidement boulonnées. Une poignée directrice permettait de pousser cet orgue en avant lorsqu'il était monté sur ses deux roues. Outre les deux bandes dont nous avons parlé, le bois est consolidé, surtout du côté de la culasse, par des ferrures à dessins fantastiques figurés dans le profil. — La couleur rouge de cet *orgue*, dont l'aspect justifie parfaitement le nom, donnerait à penser qu'il a pu faire partie du matériel de Charles-le-Téméraire, où se trouvaient des pièces de ce genre. — Nous ne l'affirmons pas toutefois.

Les canons sont longs de 1 m. 52 c. en moyenne, leur calibre est d'environ 17 mill.

LXVI. — ALSACE. — Petite et grande fusées, d'après une planche du *Traité d'artillerie* donné en 1525 à la ville de Strasbourg et conservé dans la Bibliothèque de cette ville. Nous avons pris ce dessin hors de date, parce qu'il répond en tous points aux descriptions laissées dans les comptes du commencement du quinzième siècle.

La petite fusée se compose d'une flèche entourée d'un sachet bourré d'artifices, auquel le feu est communiqué par un petit tube de fer enflammé d'avance comme une étoupille. — Les ailettes de cette flèche étaient en métal.

Outre le sachet dont nous venons de parler, sachet en cuir, de forme ovale, allongé et solidement ficelé à chaque bout, — la grande fusée n'a pas de flèche, mais bien un grand fer creux, terminé d'un côté par une pointe très-courte et de l'autre par une sorte de pavillon de trompe, bourré dans doute d'artifice, auquel on mettait sans doute le feu d'avance. Le détail de ce *fer de fusée* est reproduit séparément à côté du tout. On ne sait si le sachet était allumé par le procédé des petites fusées, car rien n'est apparent.

LXVII. — ITALIE. — Quatorzième siècle. A. Cavalier armé d'une *scopette* ou bombarde portative, d'après une miniature du m. s., 7239, Bibl. imp. Du bras gauche il tient la queue de son arme, retenue par une chaîne contre le plastron de sa cuirasse tandis que le canon repose sur une fourchette dont la tige est fixée à l'arçon de la selle. Le bras droit tient la mèche enflammée ; c'est une longue corde dont l'extrémité se rattache à sa ceinture, de même que les rênes du cheval qui est bridé le plus court possible. — La légende ci-jointe complète cette description :

«Eques scopectarius oportet quod ipse sit totus armatus et equus ejus sit totus bardatus ne à funiculo ardente lædatur nec à pulvere bombardule sive scoppetti et in sellâ habeat peras sive bisazas in quibus sint pulver et pillule plombee scoppecti quanti. Et sibi deficientibus pulvere igne sive lapillis potest se defendere ac offendere hostes ense suo. Et sunt scoppectari ad faciendum primum insultum hostibus suis. Faciunt maximum timorem ac tormentum et sunt causa de hostibus victoriam reportandi. Il importe que le scopétaire à cheval soit armé de toutes pièces et que son cheval soit tout bardé, afin de ne pas être brûlé par le feu de la mèche ni par la poudre à bombardelle ou scopette. Qu'il ait sur sa selle des poches ou des besaces dans lesquelles soient la poudre ou les balles de plomb de la scopette. A défaut de poudre, de feu ou de petites pierres, son épée peut lui servir d'arme défensive ou offensive contre l'ennemi. Les scopétaires doivent engager le combat les premiers, car ils causent un effroi et un dommage très-grands, et sont une des causes qui font remporter la victoire sur les ennemis.»

B. Détail de la scopette et de son mode d'appui. Son évasement (qu'a conservé la moderne *escopette*) et le peu de longueur de son âme, prouvent qu'elle était faite pour tirer presque à bout portant. On doit remarquer le croc d'arrêt qui empêche tout glissement dans la fourchette.

Malgré les recommandations sévères du texte, nous avons suivi dans les exemplaires coloriés la leçon de l'enlumineur qui a colorié la selle en vert et la carapace du cheval en carmin. Ces couleurs pouvaient d'ailleurs recouvrir des parties en fer.

Nous donnons cette planche comme la plus ancienne du genre. Outre l'antiquité du m. s., que Ducange n'hésite pas à dater du commencement du quatorzième siècle (V. l'*Introduction*), on peut invoquer à ce sujet la *Chronique d'Este* (V. Ducange, *Sclopetum*), qui parle de ces armes portatives dès 1334. Il en est également question dans les documents français de la seconde moitié du même siècle.

C. Même date et même provenance. — Ane chargé de trois *scopettes*. Deux de ces armes reposent sur les crochets latéraux de la selle ; elles remplaçaient au besoin la troisième affûtée dans la meurtrière du petit panneau en bois qui surmonte l'arçon. Nous croyons, contrairement à une opinion déjà exprimée, qu'un cavalier, non figuré ici, faisait usage de ces très-petites armes portatives sans quitter sa monture. Il avait de la sorte trois coups à tirer, et le texte ci-joint prouve que le mulet voyait le feu de près : *Asellus portans in sellâ tres scopitos ex parte anteriori. Oportet quod sit bardotus et quantùm plures sunt contrâ hostes meliùs est.* — Ane portant trois scopettes sur le devant de la selle. Il importe qu'il soit *bardé*. Plus ils sont nombreux contre les ennemis et mieux cela vaut. — Le dessinateur a omis d'armer l'âne selon le texte.

D. Même date et même provenance. Scopettes de marine. Elles sont forgées comme les précédentes, moins une courbure plus accusée dans la queue et deux saillies qui leur donnaient sans doute une assiette plus solide sur le plat-bord du navire.

LXVIII. — A. Même date et même provenance. Scopetaire déchargeant son arme du haut du mat d'une tour de bois mobile destinée à dominer les murs d'une place. Aux côtés de ce soldat repose une fronde prête à servir. — Cette scopette paraît de plus fort calibre que les précédentes.

B. FRANCE. — Petit canon à queue sur un brancard à deux roues, d'après un *Froissart* m. s. du British museum de Londres, que le premier tome des *Etudes sur l'artillerie* fait remonter au quatorzième siècle.

A défaut du costume, qui ne semble pas probant, la pièce peut appartenir à cette date. C'est la scopette italienne agrandie; c'est une combinaison primitive de la bombardelle et du canon à queue. Cette queue, qui repose sur un bloc de bois, paraît remplir en même temps le rôle de flèche d'affût, car les deux branches de bois qui viennent s'y relier ne font là que consolider la pièce sur son essieu.

C. FRANCE. — Canonnier faisant feu d'un canon à main entre les créneaux d'une tour, d'après une planche des *Toiles peintes de Reims*. Ce mode de tir, dont nous n'avons rencontré aucun autre exemple, ne devait être possible qu'à bien faible charge, car cette arme n'a aucune partie en bois, et le canonnier se prépare à belles mains contre les effets du recul. Costume de la fin du quinzième siècle.

LXIX. — A. PAYS MESSIN. — Deuxième moitié du quinzième siècle. — Profil d'une coulevrine de fer à croc, conservée de tout temps au château de Mardigny, bâti en 1417. Longu. : 1 m. 27 c.; cal. : 25 mill.; poids : 11 kilog. — Cette arme, semi-portative, est de forme octogone. La lumière est placée sur le côté droit. Sous le canon, on remarque un *croc* ou tenon, percé d'un trou par lequel passait une goupille destinée à le fixer entre les deux branches de la fourche qui maintenait la couleuvrine sur le chevalet (V. pl. 71). La ligne de mire est déterminée par deux lames de fer soudées sur le tonnerre et distantes l'une de l'autre d'environ 1 mill.; cette ligne passe entre les deux lames et un guidon placé près de la bouche. La tête de culasse paraît faite pour l'introduction d'une broche de pointage.

B. Même provenance et même date. — Plan d'une couleuvrine de fer, à tourillons placés fort près de la bouche. Un tenon, placé sous la culasse, facilitait le pointage. Le tonnerre est à quatre pans; la volée est octogone. Longu. : 97 c.; cal. : 2 mill.; poids : 13 kil.; saillie des tourillons : 4 c.; diam. : 2 c.

C. BOURGOGNE. — Couleuvrine de fer à croc, trouvée dans les massifs du ravelin du château de Dijon. Longu. : 1 m. 13 c.; diam. de la bouche : 12 c.; cal. : environ 4 c. — Le bourlet de la bouche est à pans; la pièce est à peu près cylindrique et terminée par une queue qui mesure à elle seule 85 c. Le cercle qui entoure la pièce, près la lumière, est muni d'une sorte de croc qui retenait la pièce sur une sorte d'affût. On est frappé de l'analogie que présente cette couleuvrine avec le B de la pl. 68 et l'A de la pl. 67. — Elle nous paraît rentrer dans la variété que les comptes des anciens ducs de Bourgogne (Arch. dép. de Dijon), qualifient, au commencement du quinzième siècle, de *péteriaulx à longue queue.*

D. GUYENNE. — Profil et plan d'une couleuvrine à croc en fonte de fer, conservée au musée d'armes de Bordeaux. Ame et forme rectangulaires oblongues. Culasse terminée par une douille dans laquelle vient se loger un manche de bois. Longu. : 44 c.; poids : 10 kil. — On ne pouvait pas tirer avec cette arme qu'une espèce de cendrée, comme le montre le plan de la tranche de bouche figurée en E. — Fin du quinzième siècle.

LXX. — ALSACE. — Quinzième siècle, d'après une miniature de la continuation m. s. de Valturi, Bibl. de Colmar. — Grosse couleuvrine de fer enmanchée de bois et pointée dans un angle élevé, à l'aide d'un croc de fer qui paraît faire corps avec la douille. Ce croc est engagé dans la tête d'une sorte de pieu fichée en terre. Un couleuvrinier maintient le manche de la main gauche, tandis que sa main droite approche de la lumière un boute-feu qui semble être une petite verge de fer.

LXXI. — Arsenal de Fernand d'Aragon, roi de Naples, d'après une planche du m. s., 6,993, Bibl. imp. — Couleuvrine de bronze à croc, sur chevalet. Le manche de bois engagé dans sa douille sert, avec l'arc de pointage le long duquel il glisse, à faire varier l'inclinaison de la pièce. La couleuvrine, légèrement courbe, porte deux trous par rang au lieu d'un, comme on le remarque ordinairement. La couleuvrine est octogone, sa douille est indiquée par deux moulures; son tonnerre, renforcé, porte un croc traversé par une goupille entre les deux branches d'une souche plantée dans la tête du chevalet. — Deuxième moitié du quinzième siècle.

LXXII. — Trois grosses couleuvrines de bronze, à peu près conformes au modèle précédent. Ornées de moulures assez soignées à la bouche et à la culasse. — Fin du quinzième siècle.

A. GUYENNE. — Conservée dans une remise de la mairie d'Agen. Longu. : 1 m.; cal. : 3 c.; poids : 18 kil. environ. Forme octogone ; tourillons de 2 c. de saillie sur 2 c. de diamètre ; douille dans laquelle venait se loger un manche de bois. (Plan.)

B. Même provenance. Verge de fer servant au chargement des couleuvrines. Longu. : 1 m. 10 c. ; poids 2 kil. environ.

C. Même provenance. Longu. : 1 m. 5 c. ; diam. de la bouche : 7 c. ; cal. 3 c. ; profondeur de la douille : 7 c. ; poids : 19 kil. environ. Forme octogone. Ecu sans blason au-dessus de la lumière. — Un tenon, distant de la bouche de 33 c., était traversé par une goupille comme dans la pl. 71... (Plan.) — Immédiatement au-dessous, est figurée la coupe d'une de ces couleuvrines.

D. CHAMPAGNE. — Musée de Reims. — Longu. : 96 c. ; cal. : 25 mill. ; poids : 17 kil. ; saillie du tenon qui se fixait entre les branches de la fourche : 72 mill. ; profondeur de la douille : 84 mill. ; circonférence à la culasse : 22 c. ; au cordon de bourlet de la bouche 15 c. Forme octogone. Ecu sans blason à droite et au-dessus du bassinet. (Profil.)

E. Détail du bassinet. — C'est le seul modèle de ce genre que nous ayons rencontré.

F. Détail de la lumière d'une autre couleuvrine conservée au même lieu. La lettre H commençait sans doute le nom de son propriétaire.

LXXIII. — FRANCE. — Milieu du quinzième siècle. — Tapisserie de Notre-Dame-de-Nantilly, à Saumur, représentant la *Prise de Jérusalem par Titus*. — Maître couleuvrinier mettant en joue. Couleuvrine à douille, enmanchée d'un bois reposant sur l'épaule gauche, qu'il dépasse, et soutenu près de la douille par les deux mains dont les ongles sont en dessous, pour mieux résister au contre-coup. Lumière percée comme celle des canons. Un aide y met le feu à l'aide d'un charbon. Le couleuvrinier a une demi-armure ; les anneaux de sa ceinture doivent, en certains cas, servir à engager le manche de son arme, soit pour tirer seul, soit pour l'aider dans un trajet. — D'après une gravure du *Magasin pittoresque*.

LXXIV. — A. FRANCE. — Miniature des *Chroniques d'Angleterre*, m. s., 75, Bibl. imp. — Deuxième moitié du quinzième siècle. — Couleuvrinier soutenant de son feu une batterie de gros calibre. Sa couleuvrine est en fer. A ses côtés se trouve, dans le m. s., un archer décochant une flèche.

B. Même provenance. — Deux couleuvriniers embusqués au pied d'une tour. L'un fait feu et l'autre s'apprête à mettre en joue ; leurs armes sont en fer et ne paraissent pas avoir de manches. Costumes et armures uniformes. — Un troisième personnage, qui paraît un aide, s'appuie sur une longue baguette de bois, qui paraît servir à bourrer les couleuvrines.

C. Couleuvrine de fer, conservée sous le n° M. 1, au Musée d'artillerie de Paris. — Quinzième siècle. — Trop fruste pour qu'on puisse voir bien positivement si son croc et sa douille n'ont pas été rompus. Sur le côté droit

du tonnerre est une sorte de bassinet destiné à contenir la poudre d'amorce. — Au-dessus est figuré le détail du bassinet. La lumière est percée au sommet d'un mamelon qu'entoure une petite crête en fer forgé.

D. Couleuvrine de fer, conservée sous le n° M 2, au même Musée. — Quinzième siècle. — Elle a un croc et une douille dans laquelle s'enchasse un manche de bois. — Au-dessus, est figuré le détail de tonnerre. A droite, un bassinet à peu près semblable à celui de la fig. 4. Plus bas, près de la douille, est frappé en creux un écu aux armes de Calabre.

LXXV. — FRANCE. — Deuxième moitié du quinzième siècle, d'après une tapisserie de la cathédrale de Reims, représentant la bataille de Tolbiac et reproduite par le *Magasin pittoresque*. — Couleuvrinier mettant, à l'aide d'une petite mèche, le feu à une couleuvrine à douille, dont le bois repose sur l'épaule droite. Le bras droit s'allonge sous le canon. Bien que le costume soit de fantaisie, on doit remarquer le bourrelet qui forme épaulette de ce côté.

B. ALSACE. — D'après la continuation du m. s. de Valturi, Bibl. de Colmar. — Deux couleuvriniers faisant feu. L'un, complètement armé, est en campagne. L'autre, posté sur la plateforme d'une tour, porte une demi-armure et une capuche rouge. Leurs armes sont en fer, à douille et de forme octogone. Elles paraissent plus courtes que les précédentes.

LXXVI. — A. BOURGOGNE. — Milieu du quinzième siècle. — Miniature d'un *Champion des dames*, m. s., conservé à la Bibl. de Bruxelles et orné des armes de Philippe-le-Bon. — Deux couleuvriniers mettant en joue sous les murs d'une place. Couleuvrines de cuivre, à douilles ornées de trois groupes de moulures. Manœuvre identique à celle qui s'exécute de nos jours. Pendant que la main droite amène à la hauteur de l'œil le manche de la couleuvrine qui se prolonge au delà de l'épaule, la main gauche s'allonge de toute la longueur du bras jusqu'aux environs de la douille, et, soutenant toujours le manche avec quatre doigts, pèse avec le pouce sur une tige de cuivre qui se courbe du côté de la lumière. C'est évidemment là un porte-mèche primitif. — Ce monument est d'une haute importance.

B. FRANCE. — Fin du quinzième siècle. D'après une gravure de la *Nef des batailles*. Lyon, 1502. — Couleuvrinier de marine prêt à faire feu. Son arme n'est plus à douille ; elle est encastrée dans un bois dont la crosse carrée est presque aussi longue que la couleuvrine. La crosse repose sur l'épaule gauche, tandis que l'autre bout est affuté sur le plat-bord du navire. La main droite paraît porter un boute-feu invisible.

C. ALSACE. — D'après la continuation m. s. de Valturi, Bibl. de Colmar. Couleuvrinier faisant feu entre deux créneaux. Son arme est en fer, de forme ronde et d'assez gros calibre. Le manche passe sous l'épaule droite. La main droite maintient l'arme, coude en l'air, et la gauche paraît approcher de la lumière une épinglette de fer.

LXXVII. — A, BOURGOGNE. — Deuxième moitié du quinzième siècle, miniature du Froissard, m. s., 2,646, Bibl. imp. — Coulevrinier faisant feu derrière un pont-levis sur un homme d'armes qui monte à l'assaut. Celui-ci paraît chanceler. La coulevrine est en fer, tout d'une pièce, et le feu y est mis à l'aide d'une petite verge. Deux autres coups de feu partent de meurtrières à trous ronds, percés dans les tours de l'enceinte.

B. FRANCE. — Deuxième moitié du quinzième siècle. D'après l'atlas des *Tapisseries de Reims*. — Deux coulevriniers font feu à l'abri de pavois arcboutés sur des tirants de fer fichés dans le sol. Les coulevrines sont fort petites (la seconde surtout), sans douilles et maintenues par des petits liens sur l'extrémité d'un long manche de bois. Le manche de la seconde coulevrine a deux bourrelets destinés à faciliter l'arrêt de la main pendant la manœuvre. Le manche de la première forme un coude assez brusque en avant du tonnerre, ce qui augmente sa solidité. La main droite des deux coulevriniers vient, les ongles en dessus, à peu de distance du menton, appuyer la queue du manche sur l'épaule gauche, la main gauche glisse les ongles en dessous, le long du manche, qu'elle maintient dans une direction horizontale. Au côté gauche de chacun pend une sorte de besace contenant peut-être des munitions.

LXXVIII. — A. FRANCE. — D'après une gravure des Triomphes de France. Paris, 1509. — Coulevrinier mettant en joue. La main droite soutient l'arme, la main gauche approche de la lumière une mèche. La coulevrine est fixée sur son bois de façon à ce que celui-ci recouvre la tête de culasse, comme dans la pl. 77, fig. B. Seulement la crosse de l'arme est excessivement raccourcie — A terre, des projectiles. Derrière un épaulement, paraît la bouche d'un canon affuté sur un chantier. — Malgré la date de la gravure, nous croyons ce modèle de la fin du quinzième siècle.

B. ITALIE. — D'après deux gravures de Valturi. Milieu du quinzième siècle. — Coulevriniers faisant feu. Le premier est posté derrière le bordage crénelé d'un navire. Son arme est en fer et fixée par un tenon au corps d'un bois dont la crosse est assez échancrée pour contourner l'épaule. — Le second monte un char à faux. Sa coulevrine de fer est maintenue par trois capucines de cuivre sur un bois dont la crosse est, comme les anciens modèles, un simple bâton dont la main droite contient le bout.

LXXIX. — Manœuvres de force et transport de l'artillerie italienne au quatorzième siècle, d'après le m. s. 7.239, Bibl. imp. *Pauli sancti*.

A. Grue portée sur cinq roulettes, destinée soit à monter du matériel sur une hauteur escarpée soit à l'en descendre.

A l'avant de la base ou plateforme de la grue est un coussinet en bois, de forme prismatique, triangulaire, sur lequel est appuyée par sa partie inférieure une bigue (pièce de bois), inclinée à quarante-cinq degrés, dont la tête est convenablement entaillée pour recevoir une poulie. La poulie s'y trouve traversée par une cheville en fer qui lui sert d'axe. Au-dessous du point d'appui, le bas de la bigue est retenu à la plate-forme par deux colliers ou étriers en fer.

A l'arrière de la plate-forme, entre les parties renflées de l'extrémité des brancards est un treuil en bois. Un levier de manœuvre est engagé dans le treuil sur lequel le câble est en partie enroulé. Son extrémité libre, après avoir été passée dans la gorge de la poulie de tête de bigue, a été fixée à un crochet dont le bec est engagé dans l'anneau du piton formant saillie sur la bombarde.

Nous traduisons mot à mot la légende du texte : « Currus quinque rotellarum lunga pertică habente rotellam per quam transit canape et trahitur bombarda quæ cecidit ab ripă in fossum. » Chariot sur cinq roulettes, avec une longue perche à roulette sur laquelle passe une corde tirant une bombarde tombée du bord d'un fossé. »

B. Cette figure représente un moyen de faire passer par la voie aérienne une pièce de canon d'un bord à l'autre d'un ravin ou fossé. Une cinquenelle (long cordage d'un fort diamètre), engagée dans l'anneau de manœuvre de la pièce, est tendue d'une rive à l'autre et amarrée par l'une de ses extrémités à un arbre et par l'autre à un tronc d'arbre. Un second cordage, attaché à ce même anneau, passe dans une poulie attachée à l'arbre et vient se lier au joug des bœufs que l'on voit placés sur la rive de départ de la pièce. On conçoit facilement que les bœufs, en tirant le cordage qui passe sur la poulie, forcent la pièce à glisser le long de la cinquenelle et à gagner la rive opposée. — Légende : « Boves trahentes bombardam per cannape et rotella. Bœufs traînant une bombarde à l'aide des cordages d'une poulie. »

C. Bateau chargé de petites bouches à feu et de munitions, pouvant voyager par terre et par eau. A terre, il est monté sur quatre roulettes, et l'anneau fixé à l'avant bec permet de le faire atteler. — Légende : « Hoc navigium sive scapha ambulatoria victualia ferrens est valde utilis per terram et aquam quia ducitur à bubalis ambulantibus sub aqua sive super aquam natantibus. » — Navire ou caisse ambulante est fort utile pour le transport des munitions par terre et par eau, parce qu'il est conduit par des buffles marchant ou nageant à volonté dans un cours d'eau. »

D. Sellette à vis, servant à élever une bouche à feu sur son affût ou à l'en descendre.

Quatre montants inclinés, surmontés de deux plateaux horizontaux traversés par une forte vis en bois, à filets triangulaires, composent la machine. Le sabot en fer, qui revêt le bout de la vis, se termine par un crochet qui s'engage dans un anneau placé au-dessus de la bouche à feu. Légende : « Hoc scanum quatripes plus valet ingenium quàm bubalorum vires. — Ceci est un banc à qua-

6

1re pieds. Mieux vaut l'engin que les forces des buffles. »

LXXX. A. D'après une gravure de Valturi. Milieu du quinzième siècle. — Chèvre à quatre hanches en bois, sans pied. Les têtes des hanches sont frettées et surmontées d'épais pitons en fer traversés par une forte cheville de même métal, servant à assembler les hanches entre elles et avec le moufle ou palan en bois de tête de chèvre. Dans ce palan sont pratiquées quatre gorges pour le passage du câble. Sur le devant de chaque paire de hanches un treuil, pour l'enroulement du câble, se trouve retenu par des échantignoulles. Enfin un moufle ou palan inférieur, semblable à celui de la tête de chèvre, mais mobile, aide à compléter le système funiculaire. Ce palan est garni en dessous d'un étrier à crochet en fer qu'on engage dans l'armature en fer qui embrasse solidement le piton de manœuvre en saillie sur la pièce.

Le chariot qui la supporte est à timon et à quatre roues à rais et moyeux. Ses brancards, de fort équarrissage, sont assemblés par des épars ou traverses en bois.

B. Même date et même provenance. — Chassis en forme de pyramide quadrangulaire tronquée, monté sur des roulettes, transportant la pièce dans la position verticale, la bouche en bas. Il est composé de deux plateformes (la supérieure est entaillée de manière à laisser passage à la pièce), et de quatre montants reliés par des traverses, le tout en bois.

C. D'après le Pauli Sancti, m. s., 7,239, Bibl. imp. — Grue à quatre roulettes. Sur la plate-forme qui sert de base s'élèvent deux montants arcboutés qui supportent un chapeau en bois. Une cheville ouvrière en fer, fixée au milieu du chapeau, passe dans un grand levier d'abattage en bois. A l'arrière de la plateforme, entre les brancards, est un treuil sur lequel le câble est enroulé. L'extrémité du câble est fixée au bout du levier d'abattage. A l'autre bout du levier on voit suspendue, par un anneau en fer, la pièce qui vient d'être enlevée du camion à quatre roulettes placé contre la grue.

LXXXI. — A. ITALIE. — Miniature du fol. 89 du m. s., 7,239, Bibl. imp. — Quatorzième siècle. — Convoi de mulets chargés de bombardes portatives ou scopecta. Le chargement du premier, qui se compose de quatre pièces, paraît défectueux s'il est comparé au second, qui se compose de douze pièces, mais où le poids est réparti dans de meilleures conditions d'équilibre et de solidité. Dans l'un et l'autre, les queues des bombardes sont serrées par des cordes, soit au-dessous soit au-dessus du bât.

B. BOURGOGNE. — Gravure sur bois du poème de la Nancéide. — Caisson de l'artillerie de Charles-le-Téméraire. Monté sur deux paires de roues et pourvu d'une limonière. Son couvercle est fermé pour une serrure. Il est orné de deux pennons, et deux écussons, sur lesquels est peinte la croix de saint André. Le long du caisson, au-dessous de la serrure, des crocs pouvant servir de ratelier. Dans le fonds, en perspective, deux canons couchés sur une élévation. — Fin du quinzième siècle.

LXXXII. — A. Miniature des Chroniques de Hainaut, m. s., Bibl. de Bruxelles. — Artillerie bourguignonne en 1489. — Chariot chargé de trois bombardes, dont une de cuivre et deux de fer. Deux autres bombardes de fer attendent le moment d'être enlevées.

B. — ETATS BOURGUIGNONS. — Deuxième moitié du quinzième siècle. Miniature des Conquêtes de Charlemagne, m. s., Bibl. de Bruxelles. — Train d'artillerie prêt à partir. On charge un premier chariot de caissons, de ballots et de chambres de divers calibres. Un autre chariot à bombarde est traîné par un cheval dont les traits sont attachés par deux anneaux à l'extrémité de l'affût, du côté de la bouche de la pièce. La plus grande partie du poids est en effet sur ce point.

LXXXIII. — FRANCE. — Fin du quinzième siècle. Calque d'une gravure des Triomphes de France (éd. de 1509) représentant l'artillerie de Charles VIII marchant sur l'Italie. — Trois chariots à bombardes sont traînés par des chevaux bridés et équipés de colliers garnis de toiles, qui sont encore portés aujourd'hui dans le roulage. La queue du cheval du milieu est troussée. Deux conducteurs à pied, armés de fouets. L'un de ces fouets a deux lanières. Les chariots sont de simples brancards, montés sur deux paires de roues; à leur extrémité viennent s'accrocher les traits de l'attelage. Le chariot le plus éloigné a seul une limonière, et pourrait bien n'avoir qu'une paire de roues. La pièce qu'il porte serait alors un mortier. Toutefois, le rapprochement du cadre ne permet à cet égard de rien préciser. Le collier d'un des chevaux de cette pièce porte deux fleurs de lys.

LXXXIV. — A. SUISSE. — Deuxième moitié du quinzième siècle. — D'après une miniature de la Chronique de Pchachlund, m. s., de la Bibl. de Berne, reproduite dans l'Histoire de l'artillerie suisse de Massé. — Batterie de siège, composée de deux bombardes de fer sur chantiers, masquées par des manteaux et des claies. Devant les culasses, des heurtoirs, composés de blocs de pierre ou de bois, maintenus par des pieux. Deux canonniers, postés dans des trous, font basculer les manteaux, en tirant une corde attachée à la tranche du volet. Le manteau de gauche commence son mouvement de bascule, celui de droite l'a déjà accompli. Entre les bombardes est creusée une fosse, dans laquelle se tient la garde de la batterie.

B. FRANCE. — Même date. D'après une planche des Tapisseries de Reims, par L. Paris. Canonnier ramenant à lui le manteau de la bombarde, à l'instant où celle-ci fait feu. Le manteau est cintré et percé d'un jour carré, par lequel est passée la corde; il bascule entre deux montants dont la base transversale soutient en même temps le plateau d'affût. Le bonnet fantastique du servant doit être regardé comme un caprice artistique.

C. FRANCE. — Quinzième siècle. D'après une miniature reproduite dans les Etudes sur le passé de l'artillerie. — Canonnier enfonçant à coups de maillet le pieu qui sert de heurtoir à la flèche d'un ribaudequin à deux canons.

LXXXV. — BOURGOGNE. — Deuxième moitié du quinzième siècle. D'après une gravure de la *Noncéide*. — Canon en batterie devant une place. Il est monté sur deux roues, calé de tous côtés par des quartiers de roc. La pièce passe au travers du mantelet, de l'autre côté duquel paraît sa bouche, ce qui épargne tout mouvement de bascule dans le tir. Le panneau du mantelet est percé de deux autres trous ronds pour observer et s'appuie sur deux montants indépendants de l'affût, comme dans la pl. 84.

LXXXVI. — Quatorzième et quinzième siècles. D'après les m. s. 7,239 et 6,993. Bibl. imp. — Trois modèles de manteaux formant des abris complets, propres au service des bombardes. L'un se compose de pavois enfilés dans des traverses qui en forment une enceinte carrée, non couverte et ouverte aux deux bouts. L'autre est une sorte de tente en bois, montée sur quatre roulettes, sans plancher, et dont un côté est fermé par un volet qui se lève ou s'abaisse par un mouvement de bascule.

Le troisième qu'on emploie le plus fréquemment au moyen âge dans les travaux de sape, est semblable au premier comme forme, mais il n'a point de volet, et il est précédé d'une sorte de vestibule qui nécessite deux roulettes de plus. — Ces derniers modèles nous rappellent *les maisons à canons* dont il est question dans le journal du siége d'Orléans.

LXXXVII. — A. ITALIE. — Milieu du quinzième siècle. D'après Valturi. — Mantelet mobile, monté sur dix roulettes, dont une n'est pas apparente. Sa cloison est maintenue en équilibre par un volet pratiqué dans sa partie centrale, qui bascule au moment où le bombardier fait feu.

B. ITALIE. — Quatorzième siècle. D'après une miniature du folio 23 du m. s., 7,239, Bibliothèque impériale. — Bombardelle de fer sur affût à mantelet. Une paire de roues. Flèche traversée par un pieu de pointage. Légende : « Iste currus bombardam parvam optans cum mantelleto potest ante et retro duci et dictus mantelletus tegit bombardarium et currum et est utilissimus ut patet in designo. » Ce char portant une petite bombarde peut être conduit avant et arrière, en même temps que son mantelet. Le mantelet protége le bombardier et le char; il est fort utile comme il appert dans le dessin. » — On peut ajouter que le mantelet, d'une médiocre hauteur, fait corps avec l'affût; sa canonnière est carrée, sans volet apparent.

LXXXVIII. — ITALIE. — Première moitié du quinzième siècle. D'après Valturi. — Bombarde de fer encastrée à moitié dans une caisse formant affût. A droite et gauche, s'élèvent deux grands montants indépendants de l'affût et dont la tête est entaillée pour permettre au manteau de basculer. Ce manteau est formé par quatre madriers qu'assemblent trois traverses; celle du milieu a des saillies qui viennent tourner dans les entailles des montants à la volonté du canonnier, qui tient la corde attachée au bas du manteau. Légende du m. s. : « Machine clipeus : bouclier à canon. »

A droite de ce grand modèle, se trouve figuré l'ensemble d'une batterie de siége bourguignonne sous Charles-le-Téméraire. — D'après une gravure de la *Nancéide*. — Les bombardes sont en batterie devant une place. Leurs manteaux, dont l'un se lève et l'autre s'abaisse, sont du même système que les précédents. Des claies de fascine protégent les servants. Les culasses sont calées par des madriers et par des pierres.

LXXXIX. — FRANCE. — Deuxième moitié du quinzième siècle. Batterie de siége, d'après une miniature exécutée par le roi Réné pour un ouvrage de sa composition et conservée dans la collection de M. de Salis, à Metz. — Place battue en brèche par trois bombardes de bronze, sans tourillons ni affût. Volées appuyées sur des chantiers et têtes de culasses calées par des pieux. Les chantiers reposent eux-mêmes sur un petit mur en pierres sèches qui se prolonge devant toute la batterie. Celle-ci touche au fossé de la place, dont un cordon de pierres de taille marque le revêtement. La base du rempart est cachée par des monceaux de décombres et de mourants. La muraille et les deux tours devant laquelle on a dressé les échelles d'assaut ont été découronnées par le feu de l'artillerie. On a paré les ravages par des tonneaux pleins de terre, qui se dressent sur toute la ligne, hors en un commencement de brèche praticable où s'engage un combat que nous n'avons pas reproduit. Dans le lointain pointent les pignons et les tours de la ville. — Il est à remarquer que, dans le tir en brèche, on se conformait alors à la règle du seizième siècle, qui prescrivait ses coups sur chaque point, deux boulets frappant à une égale distance l'un de l'autre, produisant plus d'effet que s'ils frappaient le même point.

XC. — Deux batteries de siége bourguignonnes, sous Charles-le-Téméraire. D'après une gravure de la *Nancéide*. — Dans la première, la bouche de chaque pièce repose sur une poutre qu'exhaussent des pierres et des bois de moindre dimension. La culasse, appuyée sur une paire de roues, se cale contre une grosse poutre et des fragments de roche. — La seconde batterie est composée de trois pièces de divers calibres, calées comme les précédentes. Des claies et des manteaux protégent les servants. Les pièces, pointées à un angle fort élevé, semblent dépourvues d'affûts et reposer tout simplement sur l'essieu de leurs roues.

XCI. — A. FRANCE. Quinzième siècle. D'après une miniature de la collection Gaignières, reproduite par Montfaucon (*Monarchie française*). — Canonnières d'une bastille établie par les Anglais devant Dieppe. Ces trous ronds, surmontés d'une meurtrière ordinaire, semblent praticables aux couleuvrines seulement.

B. FLANDRE. — D'après une miniature des *Chroniques de Hainaut*, m. s., daté de 1459, Bibl. de Bruxelles. — Canonnières de *baille* ou d'avant-poste extérieur d'une porte dont on a levé le pont. Des couleuvrines seules pouvaient également jouer dans les trous ronds de ce parapet.

XCII. — A. FLANDRE. — Deuxième moitié du quinzième siècle. D'après un *Gilles de Rome*, m. s., aux armes de La Gruthuse, Bibl. de Rennes. Canonnières des tours et des courtines de l'enceinte d'une place. Elles sont combinées de façon à ce que les différentes parties de la fortification puissent se protéger mutuellement. Le plus grand nombre de ces canonnières est percé à une médiocre distance du sol. Celles du second étage de la tour principale sont protégées par des volets percés de jours triangulaires.

B. PAYS-MESSIN. — Vue d'un réduit fortifié commandant un fossé de l'ancien château de la Porte-des-Allemands, à Metz. Il fut construit, dès le début du seizième siècle, aux frais de la famille messine Desch, dont il porta longtemps le nom. On y remarque encore cinq canonnières et des sculptures allégoriques bien conservés. Vue prise en 1855.

XCIII. — Détail des canonnières dont l'ensemble est reproduit pl. 92. Presque toutes représentent des figures sataniques et monstrueuses qui paraissent, en roulant de gros yeux, cracher encore leurs projectiles; une seule, d'un goût moins relevé, témoigne de la grosse gaieté de nos pères. C'est un guerrier fort chevelu, et non moins déculotté, dont le postérieur menaçant se charge aussi d'annoncer la canonnade à l'ennemi. La pierre sculptée, voisine de ces canonnières susdites, montre le profil d'un grotesque avalant un projectile. L'instrument de musique, appelé *guimbarde*, qui décore la toque de ce personnage ainsi que les angles d'une des canonnières, faisait partie du blason des Desch, seigneurs messins, qui avaient fait construire cette tour à leurs frais.

La dernière canonnière est dans une tour placée entre la Porte-des-Allemands et la Porte-Sainte-Barbe. Elle figure le torrent de flammes qu'elle doit vomir en temps de guerre.

XCIV. — FRANCE. — Deuxième moitié du quinzième siècle. D'après deux miniatures des *Chroniques d'Angleterre*, m. s., 75, français, Bibl. imp. — Batterie de siège composée de trois bombardes. Les volées reposent sur des tréteaux; les culasses s'appuient contre terre. A gauche, deux servants dont un paraît tenir une sorte d'écouvillon. Au-dessus, un autre canonnier semble dégorger à l'aide d'une tige de fer la lumière d'une grosse bombarde affûtée sur chantier.

B. FRANCE. — Milieu du quinzième siècle. — Miniature des *Histoires de Troyes*, m. s., 59 français, Bibl. imp. — Bombarde de fer en batterie devant une place. Son

affût repose sur deux chantiers et se dresse à angle droit contre la culasse en forme de heurtoir. Renfort prononcé à la culasse. Un servant, armé de toutes pièces, paraît, à l'aide d'un grand bâton, refouler dans l'âme la charge qu'un canonnier, plus légèrement vêtu, vient de lui apporter.

XCV. — FLANDRE. — Première moitié du quinzième siècle. D'après deux miniatures de la chronique de J. du Clerc, publiée en 1839 par la commission royale de Belgique. — Quatre canons de fer en batterie devant une place. Ils sont fixés par des liens de fer qui contournent les affûts, ceux-ci ont la forme d'un bloc carré assez haut. Le genou contre la partie de l'affût voisine de la culasse, deux canonniers donnent l'impulsion nécessaire à un changement de direction du tir. Un troisième paraît se relever après un semblable mouvement. Les canonniers sont armés de toutes pièces.

XCVI. — FLANDRE. — Miniature des *Chroniques de Hainaut*, m. s., datée de 1459, Bibl. de Bruxelles. — Batterie de bombardes protégées par une forte palissade. Au-dessus de la pièce de droite, est une sorte de mantelet fixe, incliné comme un auvent, de façon à couvrir une partie de la pièce. — Les bombardes figurent exactement des barils de fer dont les douves sont reliées par des cercles. Chambres à feu de calibre beaucoup plus petit. Affût sur roues avec flèche, se dédoublant en deux parties. L'une se lève ou s'abaisse, en glissant le long d'un arc de pointage en fer, taillé en lame de sabre et percé de trous. L'autre partie repose à terre. Deux maîtres canonniers font manœuvrer cet appareil de pointage, en dépit des détonations qu'il ne faut pas prendre trop à la lettre, car les miniaturistes de cette époque ne savent guère représenter une pièce sans montrer le feu et le projectile qui s'échappent de sa bouche.

Les deux bombardes figurées au-dessous de cette miniature sont extraites : — la première, du *Marianus Jacobus*, m. s., de la Bibl. de Venise (d'après M. Favé) ; c'est la bombarde italienne du quatorzième siècle, dont les pl. 5, 86 et 87, ont déjà donné d'autres types ; — la seconde, de la *Nef des batailles* (Lyon, 1509). Leur vraie place serait avec les affûts à roulettes, pl. 34 et suivante.

XCVII. — A. FRANCE. — Seconde moitié du quinzième siècle. D'après une gravure de l'atlas des *Toiles peintes de Reims*, par L. Paris. — Canon servi par un canonnier et une femme. Celle-ci, accroupie et coiffée du bonnet pointu à la mode au quinzième siècle, joue d'un gros soufflet sur un réchaud où rougissent deux boute-feux. Le canonnier, armé de toutes pièces, y replace d'une main un troisième boute-feu, pendant qu'avec un quatrième il se prépare à mettre le feu à la pièce en pliant les genoux. Au bas des trois pattes de ce réchaud, deux projectiles. Le canon est maintenu sur une plate-forme en bois par deux fortes bandes. La plate-forme s'élève légèrement d'un côté, en s'appuyant sur la poutre qui forme la base du mantelet. Dans le bois de celui-ci, que relient six traverses, sont fichées deux flèches ennemies. — La scène se passe sur le rempart d'une place assiégée.

B. Deuxième moitié du quinzième siècle. D'après le Froissart m. s., 2,646, Bibl. imp. — Canonnier soufflant un brasier sur lequel rougissent quatre boute-feu, qui sont de courtes tiges de fer. Des charbons sont épars sous le trépied sur lequel repose le réchaud. La bombarde voisine est remarquable par l'évasement de sa volée et l'épaisseur de sa tête de culasse. Chambre maintenue par quatre cercles. Une paire de roues. Le heurtoir, formé par son bois d'affût, va s'appuyer contre le bas d'une roche. — Nous n'avons point de modèle analogue dans les affûts déjà décrits.

XCVIII. — A. FRANCE. — Deuxième moitié du quinzième siècle. D'après une miniature du m. s. 709, Bibl. imp. — Canonnier mettant le feu à un canon de cuivre. Celui-ci, paraît d'après l'enluminure, avoir une âme de fer ou d'acier, si l'on en juge par la partie vue à la bouche qui repose sur chantier. La culasse, renforcée, est simplement calée à terre. La tête nue et les manches retroussées, un canonnier tient une verge de fer un peu courbe, comme dans la fig. B. Son corps sort à demi d'un trou qui lui sert d'abri, comme dans la batterie suisse, pl. 84. — Au premier plan, huit pierres de divers calibres.

B. FRANCE. — Première moitié du quinzième siècle. Miniature d'un m. s. de la collection Gaignières, reproduite par Montfaucon (Monarchie française). Deux canons de fer en batterie devant une bastille anglaise. Sans affûts et sur deux chantiers, au-dessus desquels ils sont maintenus entre six courts montants. Pièces renforcées par des cercles très-larges et munies de têtes de culasses massives. — Un genou en terre, le canonnier met le feu à un des canons à l'aide d'une verge de fer qui se courbe légèrement tandis que, de la main gauche, il tient en réserve une autre verge, sans doute pour le cas où la première ne réussirait pas. Cette précaution se remarque déjà planche 97.

XCXIX. — BOURGOGNE. — D'après une miniature de la Vie de Charles Martel, m. s., Bibl. de Bruxelles, daté de 1463. — Batterie de siège, composée d'un ribaudequin, d'une bombardelle et d'un mortier. Son feu a produit un commencement d'incendie dans la forteresse qui se voit à l'horizon. — Ces trois pièces sont en fer. Le ribaudequin est à trois canons, à chambres dont une est cachée par la roue. La bombardelle, fort évasée, est reliée par quatre cercles sur un affût à roulettes. Le mortier est à tourillons sur tréteaux. Deux de ces pièces font feu, et les trois canonniers ont le genou en terre. Celui du milieu tient encore à la main un long boute-feu. — A terre, deux chambres et des projectiles.

C. Artillerie d'un corps d'armée en marche, d'après une gravure du 2e vol. de la Mer des histoires (Daoust, Lyon. goth., s. date).—On se rappelle avec quel ordre et quel courage l'armée française repoussa les attaques des Italiens à Fornoue. C'est une des périodes de cette journée que le graveur a voulu évidemment représenter. Un carré de piquiers, avec des coulevriniers suisses aux ailes, tient en échec la cavalerie vénitienne. Quatre pièces flanquent un côté de ce carré ; deux autres sont en batterie à l'aile gauche, car l'artillerie en effet joua dès le début de cette bataille. Le désordre des cavaliers ennemis et le nombre des lances éparses sur le terrain, témoignent de la résistance victorieuse qui leur est opposée. Au fond, la rivière du Taro et le camp vénitien situé sur la rive droite. C'est, en effet, sur la rive gauche que les Français opérèrent leur mouvement sur San-Donnino. — Il est à remarquer que les deux pièces en batterie sont sur des espèces d'avant-trains, la bouche tournée du côté de la limonière. Légende : La journée de Fornoue, 6 juillet 1495. — On sait que les bas-reliefs représentant la journée de Marignan (1515) ont passé jusqu'ici pour la plus ancienne représentation d'une bataille où l'artillerie joue son rôle.

CI. — A. Sceau de Jehan de Lyon, qui fut maître des artilleries de France dès 1358, d'après une quittance du cabinet des Titres, Bibl. imp. — Ecu orlé à un lion passant. Cimier : un casque. Légende : (Joh)an de..... (Le reste est brisé).

B. Signature et sceau de Jean Petit, qui fut maître général d'artillerie en 1418, d'après une quittance conservée aux arch. départ. de Dijon. Sign. : Petit. Ecu semé d'étoiles, au sautoir englelé. Supports : Deux lévriers. Cimier : un ange. Légende : Jehan Petit (ce blason n'est pas donné par le P. Anselme).

C. Signature et sceau de Louis de Crussol, qui fut maître d'artillerie en 1469, d'après un dessin provenant de la collection Gaignières. Cabinet des titres, Bibl. imp. — Sign. : Crussol. Ecu chargé de trois fasces. Cimier : un casque couronné et chargé d'une tête de licorne. Légende : Sigillum Ludovici domini de Crussolio. (Ce blason n'est pas donné par le P. Anselme).

CII. — Portrait de messire Jehan Bureau, d'après une gravure de Grignon, (Histoire de Charles VII, par Godefroi) qui paraît, si on en juge par la forme de l'écu, être faite d'après une ancienne peinture. Il a la tête coiffée d'un chaperon, porte une robe à fleurs, un collet de fourrures, et tient à la main un bâton de commandement. L'écu joint au portrait a des burettes à anse qui n'existent pas pl. 103.

CIII. — Signature et sceau de Gaspard Bureau. Cabinet des titres, Bibl. imp. — Sign. : Jaspard. Sceau de cire rouge, avec cette légende : Séel Jaspar Bureau, seigneur de Villemo(n)ble. — Ecu d'azur au chevron potencé et contrepotencé d'or, rempli de gueules, accompagné de trois buires d'or, 1 et 2. Cimier : un casque surmonté d'une tête de femme.

Signe et sceau de Jehan Bureau. Le calque de la sign.

7

pris à une vente d'autographes faite en 1860, par Chara-vay en 1860. Le sceau est appendu à un titre signé par Jaspar Bureau et conservé au cabinet des titres, Bibl. imp. — Sign. ; Jeh. Bureau. Sceau de cire rouge avec cette légende : *Seel Jehan Bureau*. Même écu que le précédent. Cimier : un casque surmonté d'un vol.

CIV. — Signature et sceau de Tristan l'Hermite, qui fut maître d'artillerie en 1436, d'après une quittance conservée au Cabinet des titres, Bibl. imp. — Sign. : *Tristan*. Ecu écartelé, au 1 et 4 d'azur à trois gerbes d'or liées de gueules, au 2 et 3 d'argent, à une tête ou massacre de cerf de sable. Un dogue, colleté pour support au côté senestre. Cimier : un casque surmonté d'un vol. Il ne reste de la légende que le mot *seel*.

Signature et sceau de G. Bournel, qui fut maître d'artillerie en 1473, d'après une quittance du Cabinet des titres, Bibl. imp. — Sign. : *Bournel. G. D.* (*Gratiâ Dei*). — Légende du sceau : Seel Guillaume Bournel. Ecu d'argent, à un écusson de gueules et un orle de huit oiseaux de sinople. Supports : un léopard et un homme barbu. Cimier : un casque surmonté d'un oiseau dans un vol.

CV. — **A**. Trois sceaux de maîtres bombardiers de la cité de Metz, d'après des quittances conservées aux archives communales.

Sceau plaqué de Jehan de Lanault, maître de bombar-des de 1427 à 1431. — Un écu chargé d'un lambel et de trois roses, 2 et 1. — Légende : S. (Sceau) Je(han) de Lan(ault) (Cire jaune).

Sceau plaqué de Colart Jozel de Dynant, maître de bombardes de 1432 à 1433. — Un écu chargé d'une cigogne avec étoile en chef au côté senestre. L'espace compris entre l'écu et la légende est rempli par une sorte de trèfle gothique. — La légende a disparu (Cire brune).

Sceau d'Anthoine Richief, maître de bombardes, de 1428 à 1441. — Il est brisé en partie, mais la portion conservée est la plus précieuse. — Les armes de Richief sont des armes parlantes; elles portent une cloche et une bombarde (v. pl. 3.), insignes de sa profession de fondeur-bombardier. — A la place de la légende, on paraît avoir voulu figurer divers attributs de métier, tels qu'un maillet et une grappe de projectiles d'où s'échappe un jet de feu. — Double queue de parchemin. — Cire verte.

B. Signature et sceau de G. Bureau, qui fut maître ordinaire de l'artillerie royale, pendant la maîtrise de ses parents, J. et G. Bureau. Son écu est chargé d'un chevron potencé et de trois burettes. Légende : S. Gira(rt) Bureau. — D'après une quittance du Cabinet des titres.

C. Sceau de Jacques de Roche, maître de l'artillerie bourguignonne, pendant les premières années du quinzième siècle, d'après un acte conservé aux archives départ. de Dijon. Ecu chargé de trois flèches. Légende brisée.

TABLE

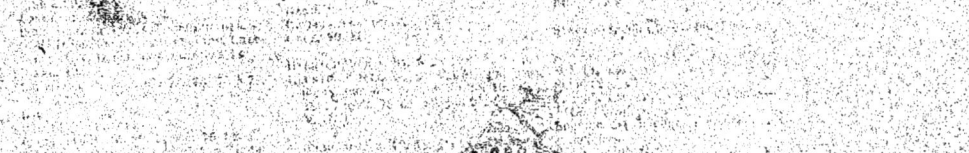

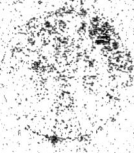

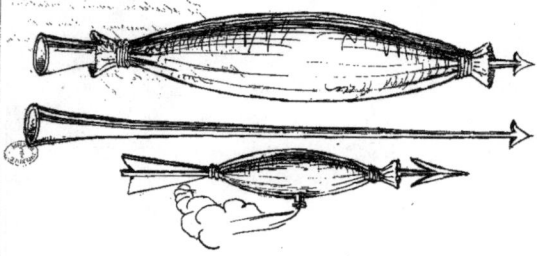

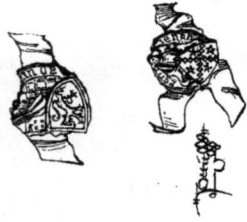

CV

PLANCHES

AUTOGRAPHIÉES PAR

LORÉDAN LARCHEY

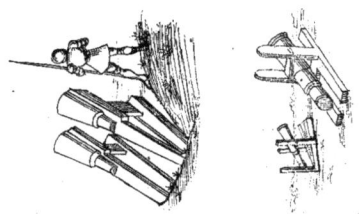

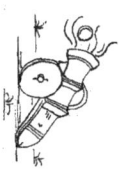
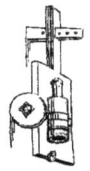
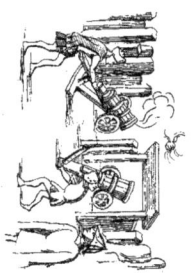

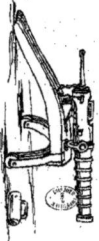
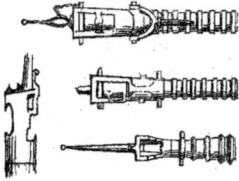
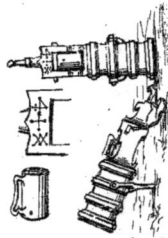
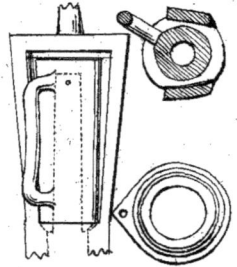
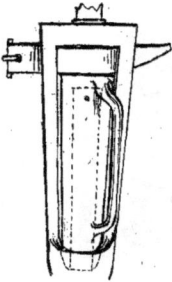
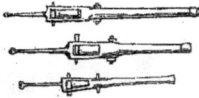
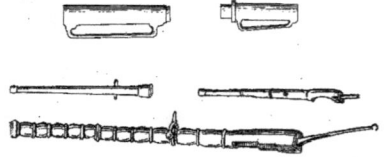

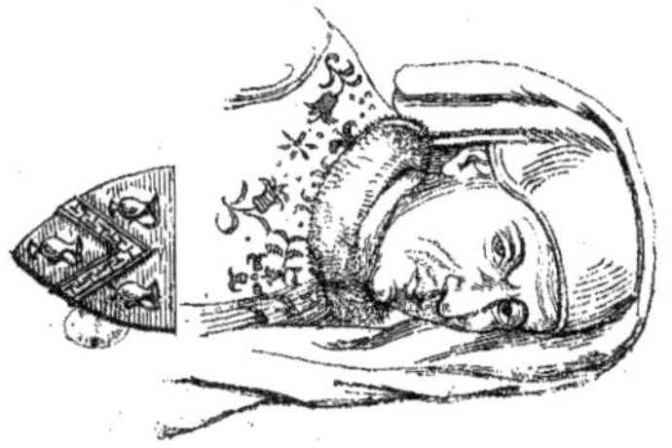

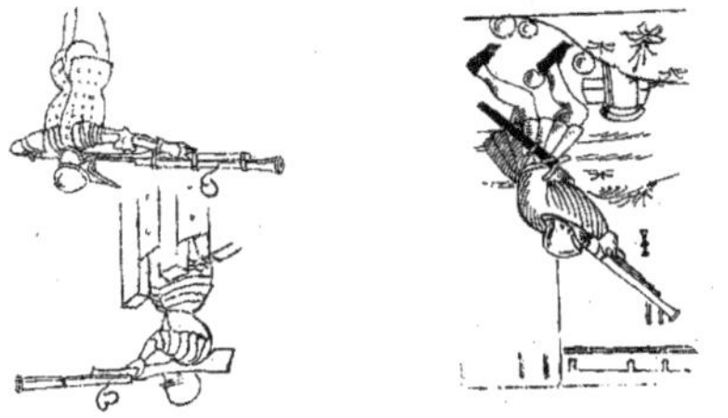

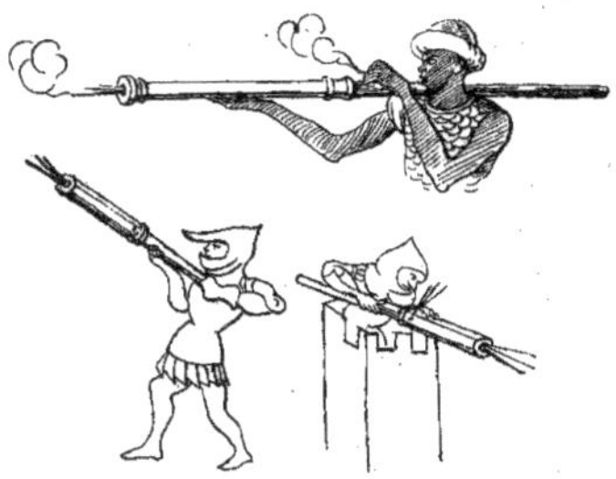

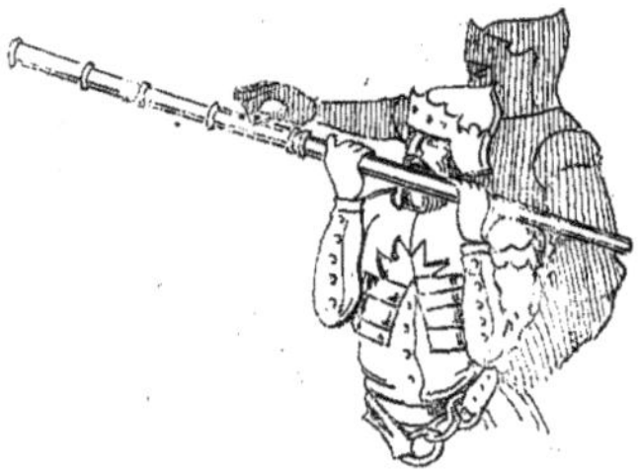

Lith. Geyer, 7 rue Dauphine, Paris

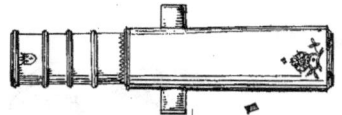

mj luy lxvuj du comadæ met lovs pla graæ de dieu Roy de france etæ ce non
meseille Achartres Jehan chollet ditt mæde lartille du d seign

Jehan ✶de✶ malines ✶matayt✶ lan ✶m✶ cccc ✶lxviij

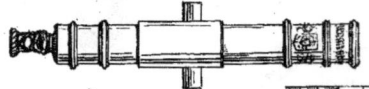

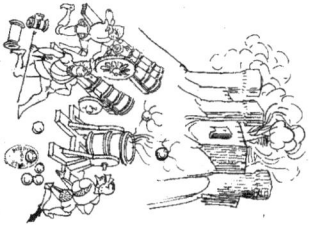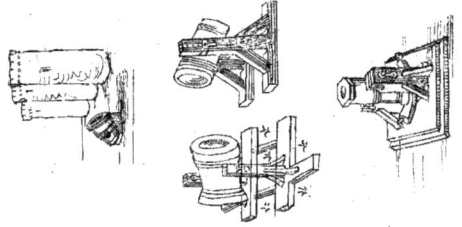
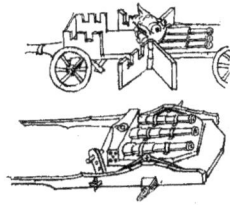

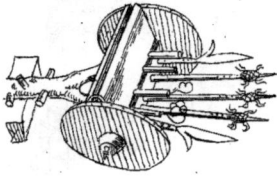

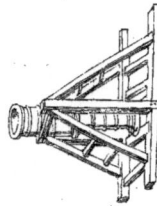

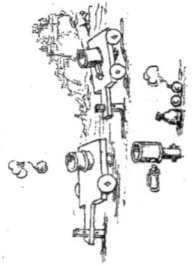

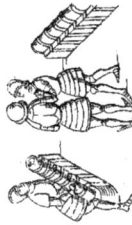

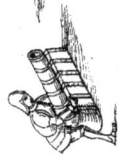

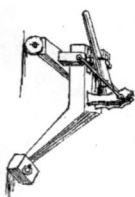

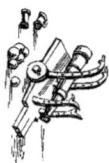

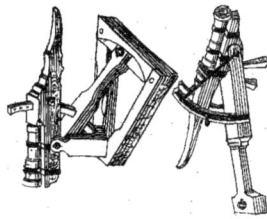

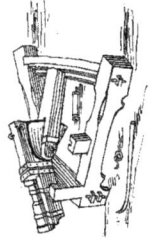

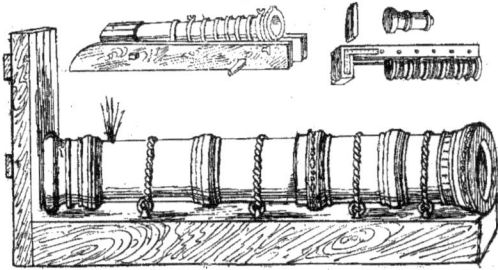

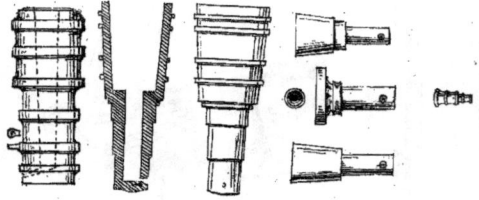

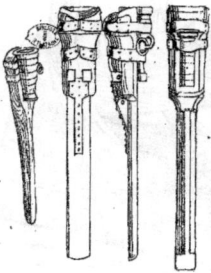

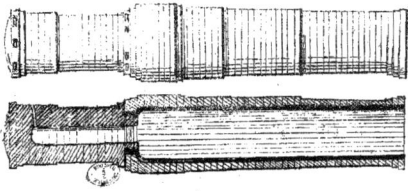

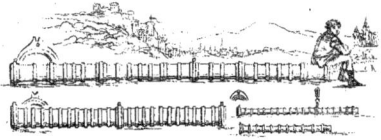

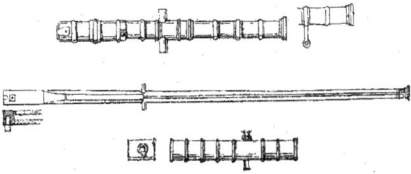

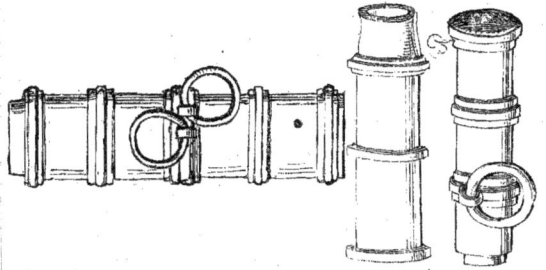

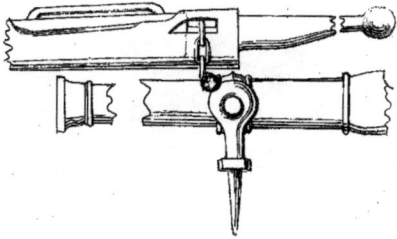

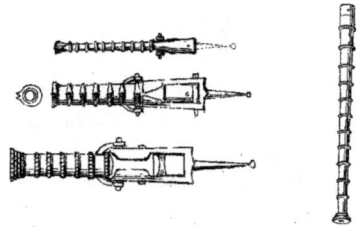

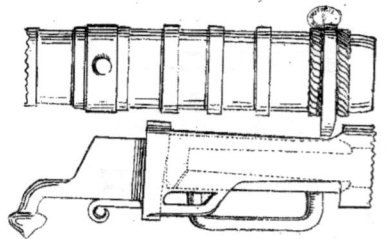

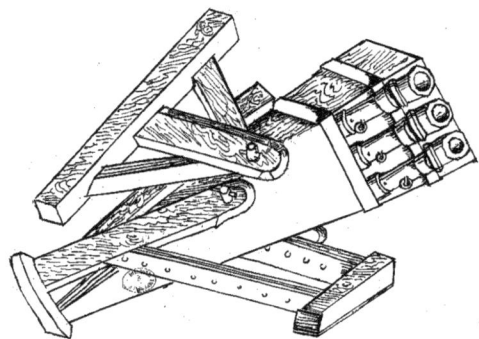

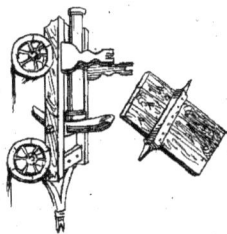

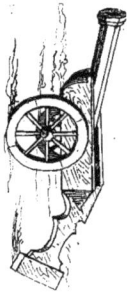

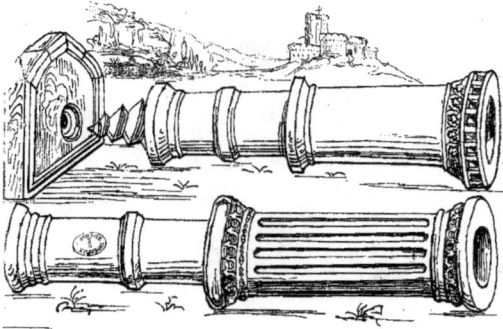

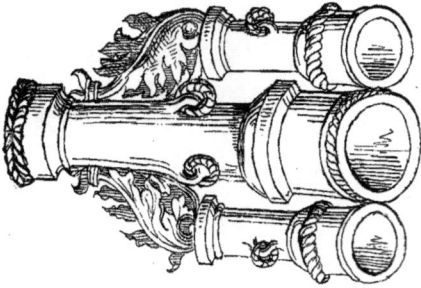

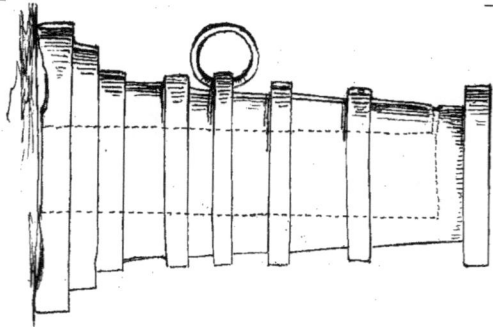

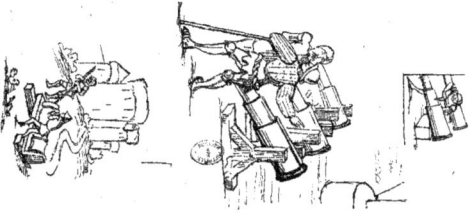

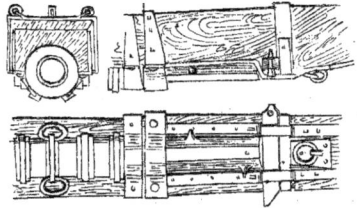

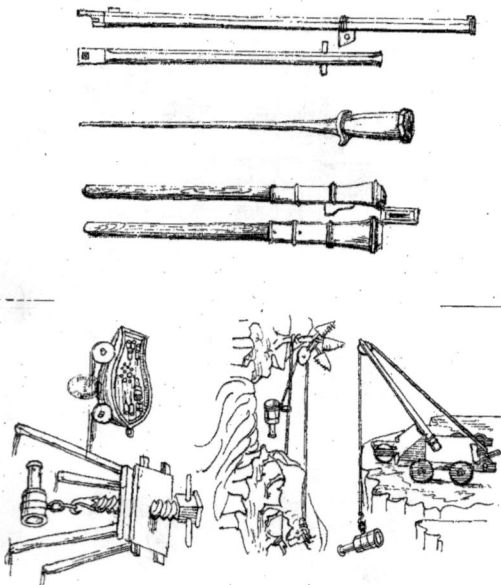

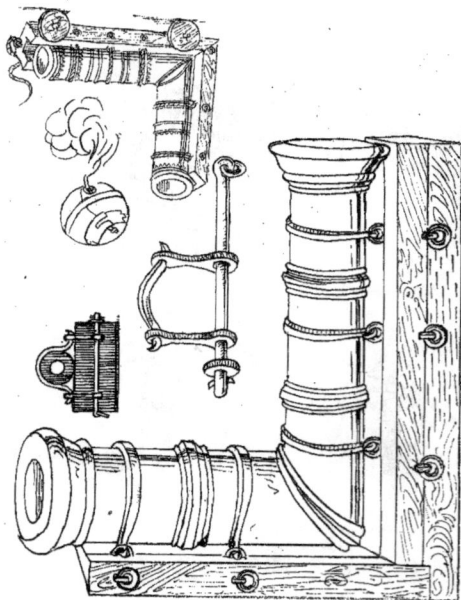

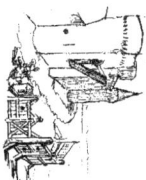
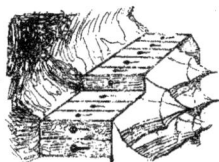

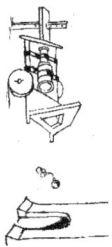
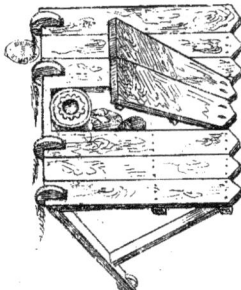
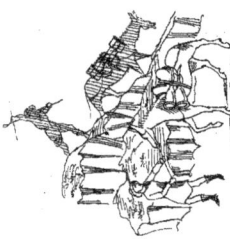
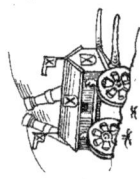

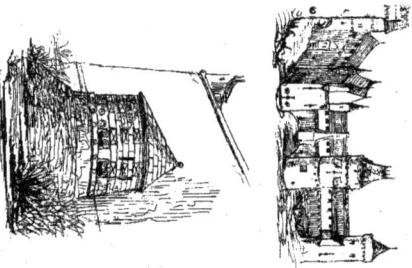

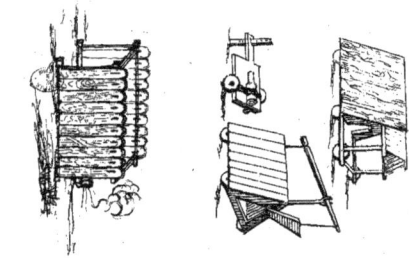

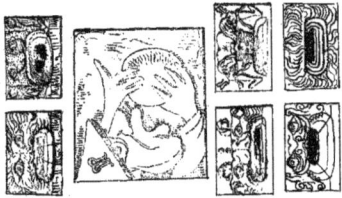

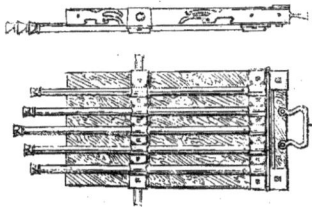

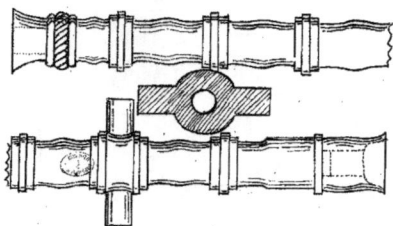

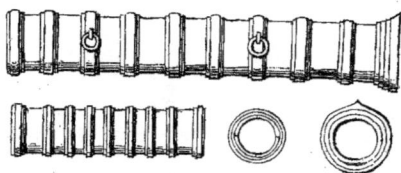

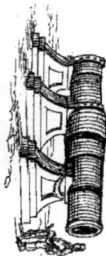

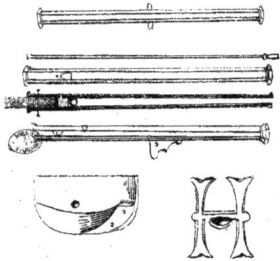

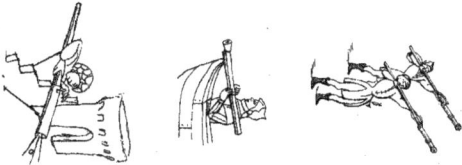

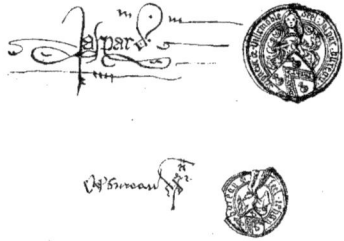

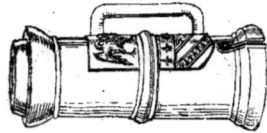

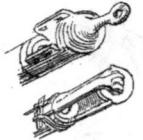

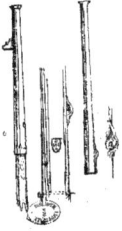

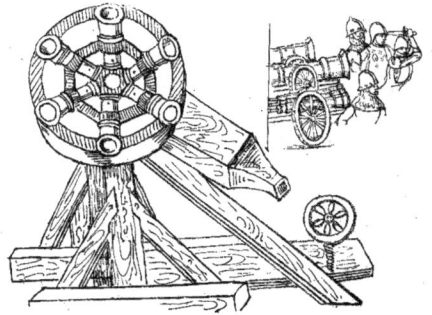

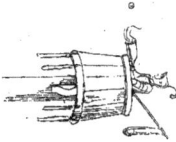

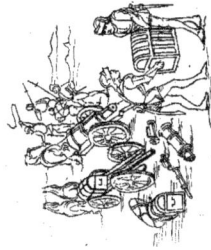

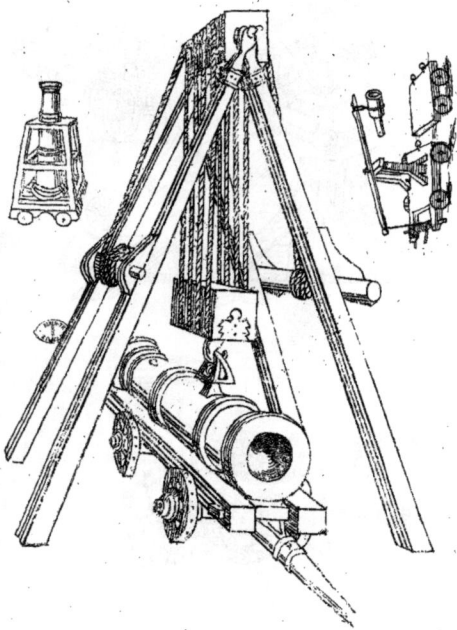

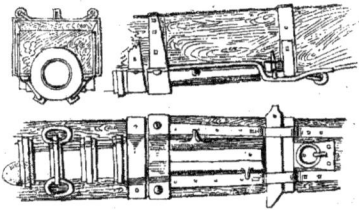

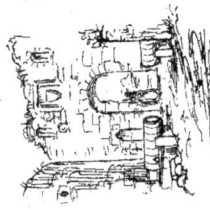

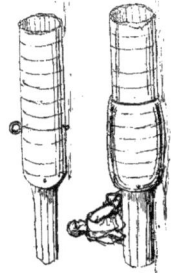

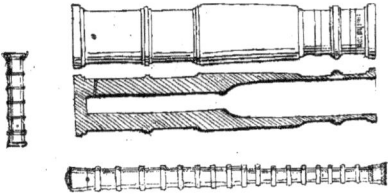

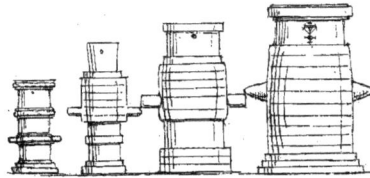

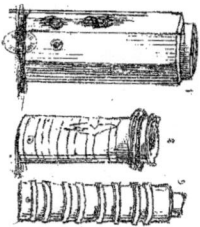

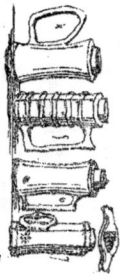

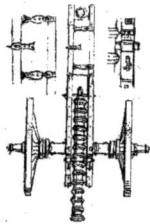

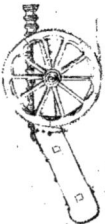

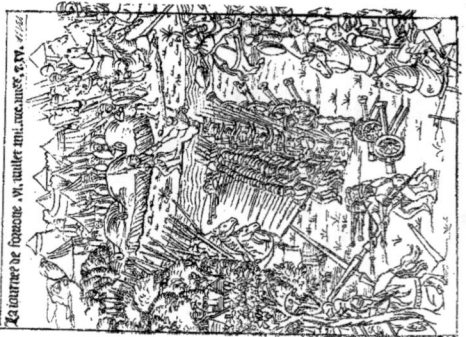

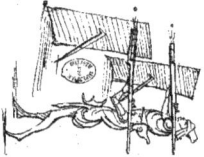

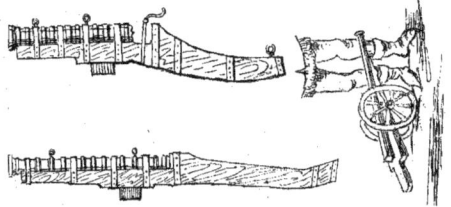